오호라

예수는
성경(신약)의 70퍼센트를
불경에서 모방했다

여기 그 내용을 밝혀본다

| 백운 소림 엮음

| 책 머리에 |

　불교의 팔만대장경(八萬大藏經)이란 모든 불경(佛經)을 총칭(總稱)해서 부르는 이름이다. 고려 고종임금 23년(서기 1236년) 모든 불경들이 처음 한자로 목판본에 새겨진 채 오랜 세월을 해인사 팔만대장경각 안에 보관되어 왔다. 그리고 극히 일부분만 승려들이나 신도들, 그리고 불교학자들이 교재용(敎材用)으로 쓰기 위해 한글로 번역하여 사용되었을 뿐이다.
　그 나머지는 대부분 지금까지 해인사 팔만대장경각 안에 한문 목판본에 새겨진 채 고이 잠자고 있었다. 그러던 것이 근래에 와서 그 나머지 팔만대장경을 전부 번역하여 신앙생활에 활용되어야 한다는 여론이 강력하게 주장되어 왔다.
　그래서 서기 1964년 7월 21일 동국역경원이 설립되고 운허스님이 이 사장에 취임하고, 많은 불교학자들과 스님들이 모여들어 드디어 우리말 한글대장경 일체를 번역에 착수하게 되었다.
　이렇게 번역을 시작한 지 40여 년이 지나서야 해인사 팔만대장경각 안에 있던 한자 불경들이 모두 우리말 한글 불경으로 번역되어 나왔다.

이렇게 해서 번역된 한글 불경들을 읽어보던 나는 깜짝 놀랐다.

성경 구절에서나 나오던 내용이 여기 팔만대장경의 불경 구절에서 나오는가 하면, 또 불경 구절에서 보았던 내용이 다시 신약성경 구절에서 눈에 띈다.

나는 내 눈을 의심했다.

그러나 젊은 시절 틈틈이 성경을 읽었던 기억이 있어 알 수 있었다. 그런데 그런 구절들이 한두 구절이 아니었다. 새로 번역된 한글판 팔만대장경들 여기 저기서 자꾸 눈에 띈다.

역사적으로 보면 석가모니 부처님이 예수님보다 오백 년을 앞선 시대에 이 세상에 출현하시어 교화를 펼치시었다. 그래서 나는 여기 성경 내용과 불경 내용을 좌우에 배치하고 비교 검토할 수 있게 하여 그 뜻을 독자들에게 스스로 점검하도록 하였다.

예를 들면 아래와 같은 내용들이다.

41. 이 산을 향해 여기서 저기로 옮겨 가라 하면 옮겨 갈 것이요…

성경(신약) 서기 70년 저술	불경 서기 전 544년 편찬
마태복음 17장 20절	**한글대장경 제20책 법구경 외** (법구비유경) 250쪽 2째줄
예수께서 대답하셨습니다. "너희 믿음이 적기 때문이다. 내가 진실로 너희에게 말한다. 너희에게 겨자씨 한 알 만한 믿음만 있어도 이 산을 향해 '여기서 저기로 옮겨 가거라' 하면 옮겨 갈 것이오. 너희가 못할 일이 없을 것이다."	부처님은 그것을 잘 해설하시어 우리들이 아직 듣지 못한 것을 가르쳐 주소서. 부처님은 말씀하셨다. "잘 듣고 잘 생각하라. 나는 전생에 수없는 겁 동안 항상 이 법을 익혀 다섯 가지 신통을 얻어 산을 옮겨 놓고 흐르는 물을 그치게 하였느니라."

12. 밀알 하나가 땅에 떨어져 죽지 않으면 한 알 그대로 있고 죽으면 많은 열매를 맺게 된다.

성경(신약) 서기 100년 저술	불경 서기 전 544년 결집 편찬
요한복음 12장 24절	**한글대장경 제163책 십력경 외** (불설견정경) 95쪽 18째줄
밀알 하나가 땅에 떨어져 죽지 않으면 한 알 그대로 있고 죽으면 많은 열매를 맺게 된다. 자기 생명을 사랑한 자는 잃어버릴 것이요, 이 세상에서 자기 생명을 미워한 자는 영원히 보전할 것이다.	본래 하나의 씨알 그대로 있을 때는 뿌리와 줄기와 잎과 열매는 있지도 않았고 보지도 못했으나 …(96쪽 23째줄)… 씨는 죽어 날로 썩어가서 변화하여 이렇게 다시 생기는 것이다.

101. 너희가 악한데 어떻게 선한 것을 말하겠느냐?

성경(신약) 서기 70년 저술	불경 서기 전 544년 편찬
마태복음 12장 34절	**한글대장경 본생경 2권** 501쪽 40줄
독사의 자식들아! 너희가 악한데 어떻게 선한 것을 말하겠느냐? 마음에 가득차 있는 것이 입 밖으로 흘러나오는 법이다. 선한 사람은 선한 것을 쌓았다가 선한 것을 내놓고 악한 사람은 악한 것을 쌓았다가 악한 것을 내놓는다.	사람은 누구나 제가 한 일을 뒷날에 가서 제 몸에서 본다. 선을 행한 사람은 그 선을, 악을 행한 사람은 그 악을, 마치 제가 뿌린 종자에서 그것과 꼭 같은 과보를 받는다.

지난 40여 년 간 본래 한자로 기록된 팔만대장경을 모두 우리말(한글)로 번역해 놓고 보니 실로 엄청난 분량이었다. 일간 신문기사 활자보다

더 작은 활자로 인쇄했는데도 책 권수가 모두 317권이요, 전체 페이지 숫자가 17만 페이지나 되는 엄청난 분량이었다.

  나는 그동안 5만 페이지 정도를 읽어 보았을 뿐인데도 이제 노안(老眼)이라 눈병이 생겼다. 우선 불경과 유사한 성경구절 백여 편을 골라 여기 작은 책자로 꾸며 보았다.

서기 2020년 11월 30일

백운 소림(白雲 巢林) 합장

1986年10月26日

"예수는 한때 불교고승이었다"

성경에도 밝혀지지 않고있는 예수의 13세부터 29세까지의 행적은 그동안 신비속에 묻혀있었다. 그러나 최근 신비에 싸였었면 그 기간동안『불교를 수행하면 이름높은 고승(高僧)이었다』는 사실(史實)이 한 석학(碩學)에 의해 소개돼 상당한 관심을 끌고있다.

충격화제

한양대 閔熙植교수가 발굴한 『13세서 29세까지의 행적』

예수의 13세부터 29세까지 16년동안의 행적을 밝힌 각종 기록들을 발굴, 수집해 귀국한 장본인은 불문학박사이자 閔熙植교수냄이다.

84년 펀번역문학상, 85년 프랑스대통령으로부터 문화훈장등을 수여받은 閔교수는 그동안 독특한 문화교류 신장자가 아닌 학자로서, 신앙의 문제가 아닌 학문자료로서의 견지에서, 서양문화의 근원이라는 기독교를 연구하면서 훌륭한 예수의 업적과 행적을 오랫동안 조사·연구 추적해 왔다는 것.

그 동안 인도의 여러곳을 답사하면서 답사한 각종 문헌추적의 자료로 인정되는 이번 자료는 인도·네팔·티베트등 사원에 산재해있던 불교계 경전과 기록서를 근거로 하고 있다.

佛박물관서 자료 입수

이 기록들은 그동안 프랑스 국립박물관에 비장(秘藏)돼 공개되지 않은 것을 閔교수가 지난 여름방학 학술여행 기회에 발굴, 입수해 귀국한것.

閔교수는 이자료관련 발표내용 발표회를 지난 9월20일 조계사 관음회를 통해 열었는데 이는 기독교계 신학자들 사이에서도 강연요청이 쇄도하고 있는것.

기독교계 기록들이 침략받고 있는 예수의 청년기의 행동내용을 담고있는 불교연대기가 기록된 인도 라다크(서부지방의 헤미)남부 40km거리의「하미스」7대사원에서 마이크로필름 전영을. 예수생애에서 밝혀지지 않은 기간의 진실에 대해 모호한 점에 쌓여있던 예수의 청년기 활동성과 같은 불교의 고승으로 활동했다는 사실을 다음과 같이 소개했다.

『확실한 불교도였던 예수의 불교

식 이름은「이사」(ISSA). 그는 13세때 유태법에 따라 가장권(家長權)을 물려 결혼을 해야할 입장에 처한다. 당시 소년들 가운데서 유난히 준수한「이사」를 사위로 삼고 싶어하는 어느 부호의 끈질긴 요구가 있자, 그는 비밀리에 인도 상인들과 인도지역으로 떠난다.

기적의 비법등 익혀가

『이사』는 14세때 아리안인들에게 정착, 힌두거장들에게 베다, 우파니사드들을 공부하나, 4성계급을 주장하는 브라만교에 실망을 느끼고 이를 비판하며, 이곳을 탈출한다. 만인의 해탈가능성과 평등사상을 부르짖는 매력에 매료되어 불교도들에게 들어가 부다가야, 녹야원, 베나레스 등지에서 6년간 담마를 배우며 수도생활을 한다.

「이사와 불교공부는 카시미어를 거쳐 라다크의 헤에서 릴라어(離)로, 산스크리트어를 배우며 계속되며 이어 티베트에서는 그곳 일포(密宗)의 교주 퐁그스에게서 기독교의 제 2의 퐁그스에게서 기독교의 비밀신학치료 비방들을 집중적으로 익힌다.

불교의 고승인 「이사」대사(大師)는 이스라엘 귀국의 페르시아를 거쳐 불교의 복음을 전파하기위한 29세때 이뤄진다.「이사」는 이스라엘로 돌아와 불교의 가르침을 관조심려(감윤의 여인의에)하여 새로운 민

"불교名은「이사」…결혼피해 인도로 수도생활 끝내고 본국으로 돌아가

은 희의를 품었던 서양의 학자들은 많았고, 대표적인 公認된 러시아帝의 러시아제「니콜라스·노트비치」.

그는 인도·네팔등지에서 예수에 대한 기록들을 모아 지난 1894년 예수편으로 발표했으므로,「예수傳」의 편찬자「예른스트·에델」의 기독교단으로의 배척을 받고, 이자료가 자취를 감추게 되었다.

이번에 프랑스정부의 특별배려로 이 회귀자료를 다시 찾아 귀국한 閔교수는 예수가 불교의 고승이였다는 사실을 다음과 같이 소개했다.

교도들에게 들어가 부다가야, 녹야원, 베나레스 등지에서 6년간 담마를 배우며 수도생활을 한다.

는 주장하고 있다.

閔교수가 이번에 발표한「이사」대사 무투비치 문서에는 예수와「릴라드」와의 대립과 예수의 10자가처형, 유대와 배신등이 숨은 비화까지 자세히 서술하고 있다.

「메시아」어원도 불교서

특히「최후의 예수의 부림이 변경은「이사」匠의 죽음을 계기로 유태민의 반란이 일어났다던 부리의「빌라도」가「이사」의 무덤에서 시체를 옮겼다라고 기록되어 있다.

또 다시 이스라엘을 지배하던 로마황족「빌라도」가 예수 제거를 결심한 이유는「민중에 막강한 영
한편을 미치고 있는「이사」가 비록 혁명의 민중지도자가 될 의지가 다분하여도 정치적으로 그들을 처형하는 것이 현명하다고 판단한 까닭』이라는 것.

예수를「이사」로 표기한 이 기록에는 모세를「모사」로 표기를 하며「모자」는 이스라엘인이 아니며 에김트의 두번째 왕자였으며, 나일의 신분제에서 왕위를 계승할수 없는 노예인 이스라엘인들과 흥왕의 간판의 차이를 이용해 담포, 제 2의 왕국건설을 피했다고 기록했다.

예수생애의 밝혀지지 않은 부분을 뒤찾으려는 노력과 이를 공식적표는 한때「리처드·보크」실제로 인도 티베트등을 답사, 다큐멘터리 필름(The Lost years of Jesus)에 담겨진적이 있다는 것.

이러한 사실에「예수를 신의 아들」로 신앙하는 기독교측의 반론 여부에 대해 閔교수는 오히려 강연요청을 받고있고 이번에 발표는 진실을 밝히려는 학문적열의의 결과라고 말했다.

『예수가 불교를 수행하면 승려활동을 했다고 해서 예수의 위대함이 줄어드는 것은 아니지 않느냐?』는게 閔교수의 반론이다.

〈徐丙厚 기자〉

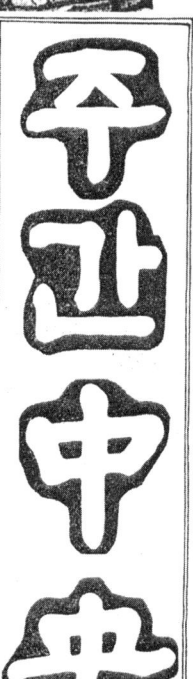

週刊中央

예수는 한 때 불교 고승이었다
— 「주간中央」(1986년 10월 26일) 기사 재수록

성경에도 밝혀지지 않고 있는 예수의 13세부터 29세까지의 행적은 그 동안 신비 속에 묻혀 있었다. 그러나 최근 신비에 싸여졌던 그 기간 동안 '불교를 수행하던 이름 높은 고승(高僧)이었다'는 사실이 한 석학(碩學)에 의해 소개돼 상당한 관심을 끌고 있다.

예수의 13세부터 29세까지 16년 동안의 행적을 밝힌 각종 기록을 발굴, 수집해 귀국한 장본인은 불문학 박사이자 한양대 교수인 민희식 씨. 1984년 펜(PEN)번역 문학상, 1985년 프랑스 대통령으로부터 문화훈장 등을 수여 받은 바 있는 민 교수는 "나는 특정종교의 신자가 아닌 학자로서, 신앙의 문제가 아닌 학문자료의 견지에서 서양문화의 근본이 되는 기독교를 연구하며 훌륭한 예수의 업적과 행적을 오랜 동안 조사 · 연구 추적해 왔다"고 말했다.

그 동안 인도의 여러 곳을 답사해 온 민 교수의 예수생애 추적의 개가로 인정되는 이번 자료는 인도 · 네팔 · 티베트 등 사원에 산재해 왔던 불교계

경전과 기록내용을 근거로 하고 있다.

佛박물관서 자료입수

이 기록들은 그동안 프랑스 국립박물관에 비장(秘藏)된 채 공개되지 않던 것을 민 교수가 지난 여름방학을 이용해 발굴, 입수해 귀국한 것. 민 교수는 이 자료공개와 반론내용 발표회를 지난 9월 20일 조계사 관음회를 통해 열었는데 이 이후 기독교계 신학도들 사이에서도 강연요청이 쇄도하고 있다는 것.

기독교계 기록들이 침묵하고 있는 예수의 청년기 활동내용을 담고 있는 이들 불교계 연대 기록은 인도 라다크주 지방의 수도 「레에」 남쪽 40km 지점의 「하이미스」 7대 사원에서 발견된 티베트어 경전들.

예수의 생애에서 밝혀지지 않은 기간의 진상에 대해, 모호한 점에 짙은 회의를 품었던 서양의 학자들은 많았고, 대표적인 인물이 제정 러시아 때의 러시아인 「니콜라스 노토비치」. 그는 인도, 네팔 등지의 여러 사원에 있는 예수의 기록을 모아 지난 1894년 불어판으로 발표했으나 《예수傳》의 편찬자 「에르네스트 르낭」 및 기독교단 측의 박해를 받고 이 자료가 자취를 감추게 되었다.

이번에 프랑스 정부의 특별배려로 이 희귀 자료를 다시 찾아 귀국한 민 교수는 "예수가 원효대사와 같은 불교의 고승으로 활약했다"는 사실을 다음과 같이 소개한다.

"독실한 불교도였던 예수의 불교식 이름은 「이사」(ISSA). 그는 13세 때 유태법에 따라 가장권(家長權)을 갖고 결혼을 해야 할 입장에 처한다. 당시 소년들 가운데에 유난히 준수한 「이사」를 사위로 삼고 싶어하는 어느 부호의 끈질긴 요구가 있자 그는 비밀리에 인도 상인을 따라 인도지역으로 떠난다."

기적의 비법 등 익혀가

"「이사」는 14세 때 아리아인들 속에 정착, 힌두거장들에게 베다, 우파니샤드 등을 공부하나, 4성계급을 주장하는 브라만교에 실망을 느끼고 이를 비판하며 이곳을 탈출한다. 「이사」는 만인의 해탈 가능성과 평등사상을 부르짖는 불교에 매료돼 불교도들 틈에 들어가 부다가야, 녹야원, 베나레스 등지에서 6년간 불교의 교리를 배우며 수도생활을 한다. 「이사」의 불교공부는 카시미아를 거쳐 라다크의 「레에」에서 팔리어, 산스크리스트어를 배우며 계속되었고 이어 티베트에서는 그곳 밀교계 고승 「멩그스테」에게서 기적을 일으키는 비법과 심령치료 비방 등을 집중적으로 익혔다. 불교의 고승인 「이사」대사의 이스라엘 귀국은 페르시아를 거쳐 불교의 복음을 전파하기 위해 29세 때 이루어진다. 「이사」는 이스라엘로 돌아와 불교와 가르침을 몸소 실천(간음한 여인의 예)하며 새로운 민중의 희망으로 부상하게 된다……."

이렇듯 불교적 연대기에 신라 원효, 혜일(惠一) 대사 등과 같이 이사대사의 자세한 활동기록이 소개돼 있는데 반해 기독교계 문헌(누가복음)이 다만 "그때까지(30세) 예수는 사막에 있었다"고만 막연히 기록되고 있다. 민 교수는 "불교측 문헌이 정확한 이유는 순교 당시의 견문 기록임에 반해 기독교측 문헌은 오랜 세월이 경과된 뒤 여러 시기에 걸쳐 여러 사람들에 의해 쓰여진 까닭"이라고 지적했다.

뿐만 아니라 오랜 세월이 지난 뒤 제자들은 기독교 교리의 확립을 위해 예수의 기록을 비교적 정확히 기술한 「토마스」 복음서 등이 지나치게 불교적 색채를 띄고 있어 바이블 편집에서 삭제했다는 것. 기독교의 신약성서의 많은 부분이 불교의 법화경의 영향을 받았다고 지적하는 민 교수는 불교의 「장자궁자」(長子窮子)와 기독교의 「탕자의 비유」 외에도 삼위일체의 삼신불에서의 유래 등 많은 부분을 예로 들었다.

기독교에서 말하는 '구세주'의 뜻인「메시아」의 어원은 불교에서 말세 중생을 구제하러 올 미래불인「미륵」(마에트리아 혹은 메테야)에서 유래했다는 일화를 비롯, 예수에게 세례를 준「성 요한」의 이름은「한역불전」(漢譯佛典)의 정반왕(淨飯王 : 석가모니의 부친)의 서양식 발음(이태리「조바니」, 프랑스「장」, 영국「존」)에서 나왔다는 설, 예수의 어머니「마리아」라는 이름은 석존의 어머니「마야」(摩耶) 부인에서 나온 이름이라는 설이 있다고 민 교수는 주장하고 있다.

민 교수가 이번에 발표한「이사」대사 두루마리 문서에는 예수와「필라드」와의 대립과 예수의 십자가 처형, 유다의 배신 등 숨은 비화까지 철저하게 서술하고 있다.

「메시아」 어원도 불교서

특히 "처형 후의 예수의 무덤이 빈 것은「이사」의 죽음을 계기로 유태인의 반란이 일어날 것이 두려워「빌라도」가「이사」의 무덤에서 시체를 옮겼다"고 기록돼 있다.

또 당시 이스라엘을 지배하던 로마총독「빌라도」가 예수의 제거를 결심한 이유는 "민중에게 막강한 영향력을 미치고 있는「이사」가 비록 혁명적 민중지도자가 될 의지가 없다 하더라도 정치적으로 그를 처형하는 것이 현명하다고 판단한 까닭"이라는 것. 예수를「이사」로 표기한 이 기록에는 모세를「모사」로 표기해 소개하며, "「모사」는 이스라엘인이 아니라 이집트의 두 번째 왕자였으며, 차남인 신분 때문에 왕위를 계승할 수 없자 노예인 이스라엘인들과 홍해간만의 차이를 이용해 탈출, 제2의 왕국건설을 꾀했다"고 기록했다.

예수 생애의 밝혀지지 않은 부분을 되찾으려는 노력과 이들 불교적 자료는 한때「리처드 보크」가 실제로 인도, 티베트 등을 답사, 다큐멘터리 필름

(The Lost years of Jesus)에 담겨진 적도 있다는 것. 이러한 사실에 대해 '예수를 신의 아들'로 신앙하는 기독교측의 반론여부에 대해 묻자 민 교수는 "오히려 강연요청을 받고 있고, 이번의 발표는 진실을 밝히려는 학문적 열의의 결과"라고 말했다. "예수가 불교를 수행하며 승려활동을 했다고 해서 예수의 위대함이 줄어드는 것은 아니지 않으냐?"는 게 민 교수의 반문이다.

(서병후 기자)

차례 Contents

책 머리에 ··· 6
예수는 한 때 불교 고승이었다 ··· 11

1. 병자들의 병을 낫게 한 기적 ··· 22
2. 여기 저기서 병자들의 병을 낫게 한 기적들 ···················· 23
3. 물 위로 걷는 신통 ·· 24
4. 제자 중에 물 위로 걸어간 것들 ······································· 25
5. 씨 뿌림에 관한 ··· 26
6. 밭을 해치는 가라지들 ··· 27
7. 떡이 불어나 많아지게 한 신통력 ····································· 28
8. 비유로 말하리라 ··· 29
9. 악마의 항복을 받다 ··· 30
10. 악한 자를 대할 때는 ··· 32
11. 아기예수와 아기부처를 찾아온 예언자들 ······················ 33
12. 하나의 밀알이 땅에 떨어져 죽지 않으면 ····················· 34
13. 나는 길이요, 진리요, 생명이니…… ································ 35
14. 큰 사람이 되려는 사람은 너희를 섬기는 사람이 되어야 하고 ············· 36
15. 나와 내 아버지는 하나다 ·· 38
16. 어째서 너는 네 형제의 눈에 있는 티는 보면서… ······· 40
17. 선한 이는 오직 한 분이시라 ·· 41

18. 부자가 하늘나라에 들어가기는 어렵다.
    낙타가 바늘구멍으로 들어가기가 더 쉽다 …………………… 42
19. 항상 기뻐하라 ………………………………………………… 43
20. 분노하고 성냄을 다스리라 …………………………………… 44
21. 네 눈이 너를 죄 짓게 하거든 ………………………………… 45
22. 여자를 보고 음욕을 품은 자마다 …………………………… 46
23. 지금이 바로 그때다 …………………………………………… 47
24. 회개하라 ………………………………………………………… 48
25. 네 재산을 팔아 그 돈을 가난한 사람들에게 주어라 ……… 49
26. 자기를 높이는 사람은 낮아지고,
    자기를 낮추는 사람은 높아질 것이다 ……………………… 50
27. 너희는 주머니에 금·은·동도 지니지 말라 ………………… 51
28. 알곡은 창고에 모아 들이고 쭉정이는 불에 태운다 ……… 52
29. 나는 이 세상에 속하지 않았다 ……………………………… 53
30. 누구의 죄 때문입니까? ……………………………………… 54
31. 너희 원수를 사랑하라 ………………………………………… 55
32. 사랑에 대하여 언급한 것들 ………………………………… 56
33. 가이사의 것은 가이사에게 바치고
    하나님의 것은 하나님에게 바치라 ………………………… 57
34. 진리가 너희를 자유롭게 하리라 …………………………… 58

차례 Contents

35. 성령·성인을 훼방하는 자는 …………………………………… 62
36. 내게 죄를 범하면 몇 번이나 용서하여 주리이까 ………… 63
37. 수고하고 무거운 짐 진 자들아 ……………………………… 64
38. 가장 보잘것 없는 사람에게 한 것이 곧 내게 한 것이다 … 65
39. 온갖 색깔 중에는 흰 것이 제일인 것처럼 ………………… 66
40. 복의 힘이 가장 훌륭하다 ……………………………………… 67
41. 이 산을 명하여 저기로 옮기라 하여도… …………………… 68
42. 인내(인욕)보다 훌륭한 것 없다 ……………………………… 69
43. 자비심이 부처의 시작이다 …………………………………… 70
44. 세상살이 욕심 ………………………………………………… 71
45. 거기서 슬피 울며 이를 갈리라 ……………………………… 72
46. 예수·석가 모두 하늘나라에서 내려왔다는 기록들 ……… 73
47. 남녀 동침하지 않고 잉태 ……………………………………… 74
48. 예수·석가 모두 어려서부터 총명함과 지혜를… ………… 75
49. 예수·석가를 왕으로 호칭하게 된 경위들 ………………… 76
50. 예수의 족보 기록/ 석가의 족보 기록 ……………………… 77
51. 하나님과 부처님을 아버지라 부르게 된 경위 …………… 77
52. 강을 배경으로 행해진 세례식과 태자 책봉식 그리고
    하늘에서 들려오는………………………………………………… 79
53. 아기 때부터 왕들의 해침을 피해 다님 ……………………… 80

오호라(증보판)

54. 무소유(無所有) ··· 82
55. 비판하지 말라 ··· 83
56. 제자들을 각처로 파견 ·· 84
57. 선지자·수행자의 핍박 ·· 85
58. 소경이 소경을 인도하면 ···································· 86
59. 지금 양 한 마리 구덩이에 빠졌으면 ················ 87
60. 착한 일하면 착한 과보 악한 일하면… ············ 88
61. 상석에 앉지 말라 ·· 89
62. 보물을 보관하는 진실한 방법 ·························· 90
63. 동남(童男) 동녀(童女)들을 비유하여 ·············· 91
64. 길 잃은 양 한 마리라도 ···································· 92
65. 사람 안에서 나오는 것이 더럽다 ···················· 93
66. 가난한 가운데 행한 작은 헌금이 가장 큰 공덕 ··· 94
67. 우물가에서 여인에게 물을 청한 일 ················ 95
68. 하나님 나라는 너희 안에 있다 ························ 96
69. 하늘나라는 한 알의 작은 겨자씨를 심은 것과 같다 ··· 97
70. 하늘나라는 밭에 숨겨진 보물과 같다 ············· 98
71. 또, 하늘나라는 좋은 진주를 찾아다니는 상인과 같다 ··· 99
72. 하늘나라는 밭에 좋은 종자를 뿌린 것에 비유할 수 있다 ········· 100
73. 하나님이 온전하듯이, 저 하늘 허공이 무엇이나 받아들이듯이 ········ 101

차례 19

차례 Contents

74. 받아 먹어라. 이 빵은 내 몸이다, 이 잔은 내 피다 ················ 103
75. 사람을 구제할 때는 은밀하게 하라 ···························· 105
76. 수행자는 무엇을 먹을까 무엇을 입을까 걱정하지 마라 ·········· 106
77. 내 아버지는 농부이시다 ·· 107
78. 언제나 깨어 있으라 ·· 108
79. 신앙은 인간에게 가장 큰 재산이다 ···························· 109
80. 자기 생명을 미워하는 자로서의 예수/
    세상의 영광을 싫어하는 자로서의 석가 ······················ 110
81. 믿으라 구하라 반드시 얻을 것이다 ···························· 111
82. 용서함으로써만이 ·· 112
83. 보시(布施) 공덕이란? ·· 113
84. 종자를 심은 대로 거둔다 ······································ 114
85. 네 이웃을 네 몸과 같이 사랑하라 ······························ 115
86. 발에 향유를 발라드린 여자들 ·································· 116
87. 나와 함께 하지 않는 사람은 ···································· 117
88. 거짓 수행자와 기도자를 꾸짖는 말 ···························· 118
89. 그러면 누가 제 이웃입니까? ···································· 119
90. 땅이 스스로 곡식을 길러낸다 ·································· 120
91. 바위 위에 기초를 세웠다 ······································ 121

92. 예수·석가 모두 임종 때 땅이 크게 진동함 ················· 122
93. 부모를 공경하라 ···································· 123
94. 부끄러워 하라 ····································· 124
95. 기독교와 불교의 부모관(父母觀)을, 그리고 중국 공자님의··· 125
96. 병아리 새끼들을 비유해서 ···························· 126
97. 이 세상 부모와 자식간의 인연이란··· ···················· 127
98. 하늘나라는 어린 아이 같은 사람들의 것이다 ··············· 128
99. 시몬아 깨어 있어라 기도하라 ·························· 129
100. 구하라, 그러면 그대로 이루어질 것이다 ················· 130
101. 너희가 악한데 어떻게 선한 것을 말하겠느냐? ············ 131
102. 가난·배고픔·학대·기도·구원 ····················· 132
103. 성경과 불경, 다만 주(主)를 보는 관점은 서로 다르다 ········ 135

예수의 인간적인 조명(照明) ······························· 139
총론 ·· 147
후기(後記) ··· 151

1. 병자들의 병을 낫게 한 기적

성경(신약) 서기 70년 저술	불경 서기 전 544년 편찬
마태복음 15장 29절	**한글대장경 제18책 현우경** (수달기정사품)265쪽 3째줄
예수께서는 그곳을 떠나 갈릴리 호숫가로 가셨습니다. 그리고 산 위로 올라가 앉으셨습니다. 큰 무리가 걷지 못하는 사람, 다리를 저는 사람, 눈먼 사람, 말 못하는 사람과 그 밖에 많은 아픈 사람들을 예수의 발 앞에 데려다 놓았고, 예수께서는 그들을 고쳐 주셨습니다. 사람들은 말 못하던 사람이 말을 하고 다리를 절던 사람이 낫고 걷지 못하던 사람이 걷고 눈먼 사람이 보게 된 것을 보고 모두 놀랐습니다. 그리고 이스라엘의 하나님께 영광을 돌렸습니다.	부처님은 나라에 들어가 편편한 곳에 이르시자 큰 광명을 놓아 삼천 대천 세계를 두루 비추시고 발가락으로 땅을 누루시매, 대지는 모두 진동하였다. 성중의 악기들은 치지 않아도 울렸다. 장님들은 눈을 뜨고 귀머거리는 소리를 들으며 벙어리들은 말을 하고 곱추는 등을 펴며 온갖 병자들은 완전히 나았다. 모든 인민과 남녀노소들은 그 상서러운 징조를 보고 모두 기뻐 뛰면서 부처님께 나아갔다.

해 설

※ 어찌된 일인가? 신약성경보다 544년 전에 나온 불경에도 병자들의 병을 낫게 한 기록들이 많이 나오는데… 왜? 이렇게 성경과 불경은 유사한가?

2. 여기 저기서 병자들의 병을 낫게 한 기적들

성경(신약) 서기 70년 저술	불경 서기 전 544년 편찬
### 마가복음 1장 30절 　이때 시몬의 장모가 열병으로 앓아 누워 있었습니다. 사람들은 즉시 이 사실을 예수께 말씀드렸습니다. 　그래서 예수께서 그 여인에 다가가서 손을 잡고 일으키셨습니다. 그러자 그 즉시 시몬 장모의 열이 떨어졌습니다. 곧바로 그 여인은 그들을 시중들기 시작했습니다. ### 마가복음 2장 3절 　그때 네 사람이 한 중풍환자를 예수께 데리고 왔습니다. 그러나 사람들이 너무 많아 예수께 가까이 갈 수가 없었습니다. … 지붕을 뚫어 구멍을 내고 중풍환자를 자리에 누운 채 달아 내렸습니다. 예수께서는 그들의 믿음을 보시고 중풍환자에게 말씀하셨습니다. 　"얘야, 네 죄가 용서 받았다. … 일어나 네 자리를 들고 집으로 가거라."	### 한글대장경 제1책 장아함경 320쪽 18째줄 　"비록 실수가 있었더라도 원컨대 그 허물을 뉘우쳐 참회하오니 받아주소서." 　그러자 부처님은 바라문에게 말씀하셨다. 마땅히 너의 수명을 연장시키고… 너의 제자의 백라병을 낫도록 해 주리라. 부처님의 말씀이 끝나자마자 그 제자의 백라병은 곧 나았다. ### 한글대장경 제7책 잡아함경 3권 70쪽 14째줄 　부처님께서 이 법을 말씀하시자 아슈바짓은 어떤 번뇌도 일으키지 않고 마음의 해탈을 얻게 되어 뛰면서 기뻐하였다. 뛰면서 기뻐하였기 때문에 몸의 병은 곧 나았다.

해 설

그리고 또 여기저기서 불경에도 병자들의 병을 낫게 한 기록들이 많이 나오는데… 왜? 이렇게 성경과 불경은 유사한가?

3. 물 위로 걷는 신통

성경(신약) 서기 70년 저술	불경 서기 전 544년 편찬
마가복음 6장 48절	**한글대장경 제9책 증일아함경 1권** 286쪽 33째줄
예수께서는 제자들이 강한 바람 때문에 노 젓느라 안간힘을 쓰는 것을 보셨습니다. 이른 새벽에 예수께서 물 위로 걸어 그들에게 나아가시다 그들 곁을 지나가려고 하셨습니다. 예수께서 물 위를 걸어오시는 것을 본 제자들은 유령인 줄 알고 소리를 질렀습니다. 그들 모두 예수를 보고 겁에 질렸습니다. 그러자 곧 예수께서 그들에게 말씀하셨습니다. "안심하라 나다 두려워하지 말라." 그리고 예수께서 제자들이 탄 배에 오르시자 바람이 잔잔해졌습니다. 제자들은 몹시 놀랐습니다.	카아샤파 (가섭)와 그의 5백 제자들은 강가로 나갔다. 그때에 석가세존께서는 물 위로 다니시는데 발이 물에 젖지 않으셨다. 카아샤파는 그것을 보고 생각하였다. '참으로 놀라운 일이다. 사문은 물 위로 다니는구나. …사문께 저는 이제 참회하나이다. 이 참회를 받아주소서. 그리고 자기 오백 제자들에게 말하였다. "너희들은 제각기 좋을 대로 하라. 나는 지금 사문 고타마에게 귀의한다." 그 때 오백 제자들은 말하였다. "우리들은 벌써부터 사문 고타마에게 마음이 있었습니다."

해 설

석가모니 부처님이 처음 진리를 깨달으시고 고향 방문길에 오르신 적이 있었다. 도중에 배화교(拜火敎)를 믿는 가섭의 교단에 들렀다. 가섭은 석가모니를 그저 평범한 수행자인 줄 알고 푸대접했었다. 어느날 가섭은 물 위를 걷고 있는 석가모니를 보고 너무 놀라 참회하였다. 그리고 자기와 동생들의 제자 1200명을 이끌고 석가모니의 제자가 되었다.

4. 제자 중에 물 위로 걸어간 것들

성경(신약) 서기 70년 저술	불경 서기 전 544년 편찬
마태복음 14장 28절	**한글대장경 제92책 본생경 2권** 90쪽 15째줄
베드로가 대답했습니다. "주여 정말로 주이시면 제게 물 위로 걸어오라고 하십시오." 그러자 예수께서 "오너라" 하고 말씀하셨습니다. 그러자 베드로가 배에서 내려 물 위로 걸어 예수께로 향했습니다. 그러나 베드로는 바람을 보자 겁이 났습니다. 그리고는 물 속으로 가라앉기 시작하자 베드로가 소리쳤습니다. "주여 살려주십시오." 예수께서 곧 손을 내밀어 그를 붙잡으시며 말씀하셨습니다. "믿음이 적은 사람아, 왜 의심했느냐?" 그리고 그들이 함께 배에 오르자 바람이 잔잔해졌습니다. 그때 배에 있던 사람들이 예수께 경배드리며 말했습니다. "참으로 하나님의 아들이십니다."	굳은 신앙심이 있고 청정한 마음을 가진 부처님의 제자인 신자는 어느 날, 기원정사로 가는 도중 저녁때에 아치라바티 강에 이르렀다. 그러나 사공은 부처님 설법을 듣기 위해 배를 언덕에 끌어올려 두었기 때문에 선창에는 배가 보이지 않았다. 그는 부처님에 대해 기뻐하는 마음을 일으켜 강을 건너갔으나 두 발이 물에 빠지지 않았다. 그는 육지로 가는 것처럼 가다가 강 복판에 이르렀을 때에 물결이 보였다. 그때에 그가 부처님에 대한 환희심이 약해지자 동시에 두 발이 물에 빠졌다. 그는 다시 부처님에 대한 환희심을 굳게 하고 물 위를 걸어 기원정사로 들어갔다. 그는 부처님께 예배하고 한쪽에 앉았다.

해 설
여기서도 성경에도 불경에도 그 제자가 물위로 걷는 기록들이 나온다.

5. 씨 뿌림에 관한

성경(신약) 서기 70년 저술	불경 서기 전 544년 편찬
마태복음 13장 4절 　그가 씨를 뿌리는데 어떤 씨는 길가에 떨어져 새들이 와서 모두 쪼아 먹었다. 또 어떤 씨는 흙이 많지 않은 돌밭에 떨어져 흙이 얕아 싹이 나왔으나 해가 뜨자 그 싹은 시들어 버리고 뿌리가 없어 말라 버렸다. 　또 다른 씨는 가시덤불에 떨어졌는데 가시덤불이 무성해져 싹이 나는 것을 막아 버렸다. 　그러나 어떤 씨는 좋은 땅에 떨어져 100배 60배 30배 열매 맺었다. 　귀 있는 사람은 들으라.	**한글대장경 제1책 장아함경** 177쪽 17째줄 　또 자갈돌 많은 메마른 땅에는 가시덩쿨이 많이 나서 거기에는 씨를 뿌려도 반드시 얻는 것이 없는 것과 같은 것이다. …(21째줄)… 그러나 만일 그대가 크게 보시를 행하고 공덕을 지어 중생을 해치지 않으면 그것은 마치 좋은 밭에는 언제나 종자를 뿌려도 그 열매를 얻는 것과 같으니라.

해 설

※ 석가모니 부처님이 이미 예수보다 544년 전에 자갈돌 많은 땅이나 메마른 땅·가시덩쿨 많은 땅엔 종자를 뿌려도 수확을 얻을 것이 없음을 설하셨다. 인간이 보시와 공덕을 쌓아야만 불심을 얻는 것인데 그렇지 못한 사람을 비유한 것이다. 이것을 544년이 지난 후 예수님이 자기 설교에 적절히 이용했다. 자기의 말을 듣고도 깨달음에 이르지 못한 사람들을 비유하여 말하며.

6. 밭을 해치는 가라지들

성경(신약) 서기 70년 저술	불경 서기 전 544년 편찬
마태복음 13장 27절 종들이 주인에게 와서 말했다. "주인님께서는 밭에 좋은 씨를 뿌리지 않으셨습니까? 그런데 도대체 저 가라지가 어디에서 생겼습니까?" 그러자 주인이 대답했다. "원수가 한 짓이다." 종들이 물었다. "저희가 가서 가라지를 뽑아 버릴까요?" 주인이 대답했다. "아니다. 가라지를 뽑다가 밀까지 뽑을 수 있으니 추수할 때까지 둘 다 함께 자라도록 내버려 두어라." 추수 때에 내가 일꾼들에게 먼저 가리지를 모아 단으로 묶어 불태워 버리고 밀은 모아 내 곳간에 거두어들이라고 하겠다.	**한글대장경 제3책 중아함경 2권** 185쪽 12째줄 모옥갈라아나 (목건연) 야. 마치 거사가 좋은 벼논이나 보리밭이 있는데 가라지라는 풀이 거기 나는 것과 같다. 그 뿌리도 비슷하고 줄기·마디·잎·꽃도 또한 비슷하지마는 뒤에 열매를 맺었을 때 거사는 그것을 보고 곧 이렇게 생각한다. "이것은 보리의 더러움. 보리의 욕이며, 보리의 미움이요, 보리의 기롱이다"라고. 그는 그런 줄 안 뒤에 곧 뽑아서 밭 밖에다 버릴 것이니 무슨 까닭인가. 다른 진정하고 좋은 보리를 더럽히지 않게 하기 위해서이니라.

해 설

그런데 여기선 또 곡식 수확에 해독을 끼치는 가라지 비유까지 나온다. 이미 544년 전에 부처님 설하신 가라지 비유를 모방하여 기독교 설교에 이용했다.

※ 여기 인용한 불경 구절들은 거의 아함경에서 발췌한 것들이다. 아함경이란 장아함경·중아함경·잡아함경·증일아함경·별역잡아경을 총칭한 이름으로 석가모니 입멸 후 100일부터 결집 발행하기 시작한 경들이다. 그러니까 예수가 이 세상에 태어나기 544년 전에 출판된 불경 책들이다.

7. 떡이 불어나 많아지게 한 신통력

성경(신약) 서기 100년 저술	불경 서기 전 544년 편찬
요한복음 6장 9절 여기 한 소년이 보리빵 다섯 개와 물고기 두 마리를 가지고 있습니다. 그러나 이렇게 많은 사람들에게 그게 얼마나 소용이 있겠습니까? 예수께서 말씀하셨습니다. "사람들을 모두 앉히라." 그곳은 넓은 풀밭이었는데 남자들이 둘러앉으니 5000명 쯤 됐습니다. 예수께서는 빵을 들고 감사기도를 드리신 후 앉아있는 사람들에게 원하는 만큼씩 나눠주셨습니다. 물고기를 가지고도 똑같이 하셨습니다. 그들이 배불리 먹은 뒤에 예수께서 제자들에게 말씀하셨습니다. "남은 것은 하나도 버리지 말고 모아두라." 그리하여 그들이 남은 것을 모아 보니 보리빵 다섯 개로 먹고 남은 것이 12바구니에 가득찼습니다. 사람들은 예수께서 행하신 표적을 보고 말했습니다. "이 분은 이 세상에 오신다던 그 예언자가 틀림없다."	**한글대장경 제9책 증일아함경 1권** 382쪽 30째줄 "이 늙은 여인 난다는 거부 바드리카 장자의 누이이옵니다. 인색하고 탐욕이 많아 혼자 먹으면서 남에게 떡 하나 주기를 싫어합니다. 원컨대 부처님께서는 그를 위해 독실히 믿을 수 있는 법문으로 깨우쳐 주소서." 부처님께서는 난다 여인에게 말씀하셨다. "너는 지금 이 작은 한 개의 떡을 여래와 비구중에게 돌려라." 난다는 그것을 여래와 비구중에 바쳤다. 그래도 떡은 남았다. 난다는 사뢰었다. "아직 떡이 남았나이다." "부처님과 비구중에게 다시 돌려라." 난다는 부처님 분부 받고 다시 그 떡을 부처님과 비구중에게 돌렸다. 그래도 떡은 남았다. "너는 이 떡을 비구니·우바새 우바이에게 주라." 그런데 여전히 떡은 남았다. "너는 이 떡을 가져다 가난한 이웃들에게 나누어주라" 하셨다.

해 설

※ 성경에도 불경에도 똑같이 떡이 불어나 많아지게 한 이야기들이 나온다. 요즈음 성경에는 떡이 아닌 빵으로 나오지만 옛날 성경엔 떡으로 나왔었다.

8. 비유로 말하리라

성경(신약) 서기 70년 저술	불경 서기 전 544년 편찬
마태복음 13장 34절	**한글대장경 제1책 장아함경** 163쪽 18째줄
예수께서는 사람들에게 이 모든 것을 비유로 말씀하셨습니다. 비유가 아니면 아무 말씀도 하지 않으셨습니다. 이는 예언자를 통해 하신 말씀을 이루시려는 것이었습니다. 　"내가 입을 열어 비유로 말할 것이다. 세상이 창조된 이래로 감추어진 것들을 말할 것이다."	모든 지혜있는 사람은 비유로써 깨달음을 얻는다. 나도 이제 그대를 위해 비유를 끌어와 그것을 깨닫게 하리라. **한글대장경 제3책 중아함경 2권** 303쪽 13째줄 　비구들이여. 내가 이 비유를 말하는 것은 그 뜻을 알리고자 하여서이다. 이에 그 뜻을 비유로 말하는 것은 "내 법은 잘 설명되어 드러났으며……."

해 설

　본래 진리는 말로써 표현할 수 없는 것이라 했다. 그러나 말을 하지 않으면 무엇으로써 교법을 전하고 이해시킬 것인가?
　부처님은 나의 팔만사천 법문은 모두 비유법이다, 선언하시고 열반경에 8가지 비유법을 설명하셨다.

9. 악마의 항복을 받다

성경(신약) 서기 70년 저술	불경 서기 전 544년 편찬
마태복음 4장 3절	**한글대장경 제7책 잡아함경 3권** 147쪽 첫째줄

"당신이 하나님의 아들이라면 이 돌들에게 빵이 되라고 해보시오."
예수께서 대답하셨습니다.
"성경에 기록됐다. 사람이 빵으로만 사는 것이 아니라 하나님의 입에서 나온 말씀으로 산다." 그러자 마귀는 예수를 거룩한 성으로 데리고 가서 성전 꼭대기에 세웠습니다.
마귀가 말했습니다.
"당신이 하나님의 아들이라면 뛰어내려 보시오. 성경에 기록됐소. 하나님이 너를 위해 천사들에게 명령하실 것이다. 그러면 천사들이 손으로 너를 붙잡아 네 발이 돌에 부딪히지 않도록 할 것이다." 예수께서 마귀에게 대답하셨습니다.
"성경에 또 기록됐다. 주 네 하나님을 시험하지 말라."
그러자 마귀는 다시 아주 높은 산 꼭대기로 예수를 데리고 가 세상 모든 나라와 그 영광을 보여주었습니다. 그리고 마귀가 말했습니다.

부처님께서는 나이란자나 강가의 보리수 아래서 도를 이루시었다.
때에 악마 파아피만은 '나는 가서 그를 교란시키리라' 생각하고 그 앞에 서서 말했다.…
… "나라와 재물을 이미 버리고 여기서 다시 무엇을 구비하려는가… 어찌하여 사람을 친하지 않는가."
부처님은 대답하셨다.……(20째 줄)……
"이미 큰 재물의 이익을 얻어 마음이 만족하고 편하고 고요하다. 모든 악마를 무찔러 항복 받고 어떠한 욕망에도 집착하지 않노라."……(148쪽 28째줄)……
…그때 악마의 딸들 수백 수천이 미녀로 변해 말했다.
"저희들은 지금 부처님의 발 앞에 귀의하나이다. 모시게 하소서."
이에 부처님은 돌아보시지 않고 말씀하셨다.
"모든 법을 밝게 깨달아 어지러운

성경(신약) 서기 70년 저술	불경 서기 전 544년 편찬
"당신이 만약 내게 엎드려 경배하면 이 모든 것을 당신에게 주겠소." 예수께서 마귀에게 말씀하셨습니다. "사탄아 내게서 물러가라. 성경에 기록됐다. 주 하나님께 경배하고 오직 그분만을 섬기라." 그러자 마귀는 예수를 떠나갔습니다. 그리고 천사들이 와서 예수를 섬겼습니다.	온갖 생각 일으키지 않고 탐애와 성냄과 어리석은 장애 이런 것들 모두 여의었노라. ……(151쪽 20째줄)…… 이에 악마는 손톱으로 산을 무너뜨리려고 함이니 부질없는 짓이었구나." 그렇게 탄식하고 사라져 버렸다.

해 설

예수와 석가 모두 악마의 시험을 거쳤다는 기록들이다.
악마들의 항복을 받아내고 굴복시켰다는 그 과정들을 설명한 것이다.

10. 악한 자를 대할 때는

성경(신약) 서기 70년 저술	불경 서기 전 544년 편찬
마태복음 5장 39절 그러나 나는 너희에게 말한다. 악에 맞서지 말라. 누가 네 오른뺨을 치거든 왼뺨마저 돌려대어라. 누가 너를 고소하고 속옷을 가지려 하거든 겉옷까지도 벗어주어라……. 너희 원수를 사랑하고 너희를 핍박하는 사람을 위해 기도하라.	**한글대장경 제4책 중아함경 3권** 208쪽 41째줄 만일 남이 주먹으로 치거나 돌을 던지고 몽둥이로 때리거나 또는 칼로 벨 때에는 마음이 변하지 않고 입에는 나쁜 말이 없어서 그 때린 사람을 위해 사랑하고 가엾이 여기는 마음을 일으켜야 한다.

해 설

좌우 성경과 불경이 모두 악에 맞서지 말라는 똑같은 뜻이지만 성경에 오른뺨을 치거든 왼뺨마저 돌려 대란 말은 얼마나 시적(詩的)으로 표현한 멋있는 말인가. 그러나 예수의 신약성경이 나오기 이전 구약성경에는 반대로 "눈에는 눈 이에는 이"로 맞서라는 말이 나온다. 이런 내용들이 예수가 인도에서 불교 승려로서 생활한 덕으로 기독교 기본 교리에 수정이 가(加)해진 것이다. 말하자면 불경을 본받아 신약성경을 더 멋있는 말로 다듬어낸 것이다.

또 한글대장경 중아함경 1권 16쪽 3줄에는 이렇게 나온다. 비록 도적이 와서 날선 톱으로 내 몸을 마디마디 자르더라도 그 때문에 나는 내 마음을 변하게 하거나 나쁜 말을 하지 않고 마땅히 내 몸을 마디마디 자르는 그를 위하여 가엾이 여기는 마음을 내어야 한다.

11. 아기예수와 아기부처를 찾아온 예언자들

성경(신약) 서기 70년 저술	불경 서기 전 310년 편찬
마태복음 2장 1~2절 헤롯왕 때에 유대의 베들레헴에서 예수께서 태어나시자 동방에서 박사들이 예루살렘에 찾아와 물었습니다. "유대사람의 왕으로 나신 분이 어디 계십니까? 우리는 동방에서 예수의 별을 보고 경배드리려고 왔습니다." 헤롯왕은 이 말을 듣고 심기가 불편했습니다. 예루살렘도 온통 떠들썩했습니다. 헤롯왕은 백성의 대제사장들과 율법학자들을 모두 불러 그리스도가 어디에서 태어날 것인지 캐물었습니다. 그들이 대답했습니다. "유대의 베들레헴입니다. 예언자가 성경에 이렇게 기록했기 때문입니다." "그러나 너 유대의 땅 베들레헴아, 너는 유대의 통치자들 가운데 가장 작지 않구나. 네게서 통치자가 나와 내 백성 이스라엘의 목자가 될 것이다." 그때 헤롯왕은 몰래 박사들을 불러 별이 나타난 정확한 시각을 알아냈습니다…….	**팔리어 경장 소부 수타 니파타** 689~694 689 킹하시리(아시타)라는 머리를 묶은 선인은 머리 위에 흰양산을 바치고 붉은 융단 속에 있는 황금패물 같은 어린 아이를 보고 기뻐서 가슴에 안았다. 690 관상과 베다에 정통한 그는 석가족의 … 어린 아이를 껴안고 그 독특한 용모를 살펴보더니 기쁨을 참지 못하여 환성을 질렀다. "이 어린이는 위 없는 사람, 인간중에 가장 높으신 분이다." 691 그러더니 선인은 자기의 얼마 남지 않은 앞날을 생각하고 말없이 눈물을 흘리는 것이었다 … 694 내 여생은 얼마남지 않았습니다 … 나는 이 분의 가르침을 듣지 못하고 죽을 것입니다.

해 설
예수·석가 모두 출생 후 예언자들이 찾아왔다는 기록들이다.

12. 하나의 밀알이 땅에 떨어져 죽지 않으면

성경(신약) 서기 100년 저술	불경 서기 전 544년 결집 편찬
요한복음 12장 24절	**한글대장경 제163책 십력경 외** **(불설견정경)** 95쪽 18째줄
밀알 하나가 땅에 떨어져 <u>죽지 않으면 한 알 그대로 있고 죽으면 많은 열매를 맺게 된다.</u> 자기 생명을 사랑한 자는 잃어버릴 것이요, 이 세상에서 자기 생명을 미워한 자는 영원히 보전할 것이다.	이 나무는 본래 하나의 씨로부터 4대(地·水·火·風)의 세포로 길러져 저절로 크고 무성하게 되었다. <u>본래 하나의 씨알 그대로 있을 때는 뿌리와 줄기와 잎과 열매는 있지도 않았고 보지도 못했으나</u> …(96쪽 23째줄)… <u>씨는 날로 썩어가서 씨는 변화하여 이렇게 다시 생기는 것이다.</u>

해 설

부처님은 예수보다 544년 전에 이미 말씀하셨다. 본래 씨알 하나로 그대로 있을 때는 줄기와 잎과 열매는 있지도 않았으나 하나의 씨앗이 썩어가서 (희생)으로 큰나무 되어 많은 열매를 맺게 된다고.

13. 나는 길이요, 진리요, 생명이니······

성경(신약) 서기 100년 저술	불경 서기 전 544년 편찬
요한복음 14장 6절	**한글대장경 제5책 잡아함경 1권** 51쪽 37째줄
예수께서 도마에게 말씀하셨습니다. **나는 길**이요 **진리**요 **생명**이다 나를 통하지 않고서는 아버지께로 올 사람이 없다. 너희가 나를 알았더라면 내 아버지도 알았을 것이다.	세존(부처님)이시여, 이 법다운 말은 부처님 말씀과 같아서 **진리**를 나타내시고 마음을 열어주나이다. 마치 어떤 사람이 물에 빠졌을 때 **생명**을 구해 주고, 구해 주어 헤맬 때에는 바로 **길**을 보여주며, 어둠 속에서 **등불**을 비춰주는 것과 같이 부처님께서 오늘 훌륭한 법을 말씀하신 것도 또한 그와 같아서 **진리**를 나타내시고 마음을 열어주시나이다.

해 설

"성경에는 예수님이 나는 길이요, 진리요, 생명이다"라고 언급한 내용이 나온다. 그런데 불경에는 벌써 이보다 520여 년 앞선 시대에 어느날 석가모니 부처님께 바라문교 신도가 찾아와서 불교 교리를 물었다. 그래서 부처님은 자상하게 설명해 주셨더니 그 바라문교 신자가 부처님을 칭송하여 이런 말을 남기고 갔다. 세존이시여, 이 법다운 말씀은 진리를 나타내시고 마음을 열어주시나이다. 마치 어떤 사람이 물에 빠졌을 때 생명을 구해 주시고 헤맬 때에는 바른 길을 보여주며, 어둠 속에서 등불을 비춰 주신 것과 같이 부처님께서 오늘 훌륭한 법을 말씀하신 것도 또한 그와 같아서 진리를 나타내시고 마음을 열어주시나이다.

14. 큰 사람이 되려는 사람은 너희를 섬기는 사람이 되어야 하고…

성경(신약) 서기 70년 저술	불경 서기 전 100년 편찬
마태복음 20장 26절 너희는 그렇게 해서는 안 된다. 오히려 누구든지 너희 중에서 큰 사람이 되려는 사람은 <u>너희를 섬기는 사람이 돼야 하고</u> 누구든지 첫째가 되려는 사람은 너희의 종이 되어야 한다. 인자 역시 섬김을 받으러 온 것이 아니라 섬기러 왔고 많은 사람을 위해 <u>자기 목숨을 대속물(代贖物)로 주려고 온 것이다.</u>	**한글대장경 제49책 대반열반경1권** 275쪽 첫째줄 어떤 중생이 영화와 부귀함을 누리려 하거든 오히려 한량없는 세월에 <u>그 사람의 하인(종)이 되어 심부름하고 받들어 섬기면서</u> 그의 마음에 들게 한 뒤에 권장하고 교화하여 그로 하여금 아누다라삼먁보리에 머물게 하느니라. …279쪽 17째줄… 선남자여 사랑하는 마음을 닦는 것은 이와같이 허망한 생각이 아니고 몸바쳐 실천하는 이치가 진실하고 진실하니라. ※아누다라삼먁보리 : 부처님이 성취하신 능히 생사를 뛰어넘을 수 있는 절대 지혜의 경지. **한글대장경 제45책 화엄경(80권본) 1권** 488쪽 41째줄 불자들이여 보살 마하살이 모든 중생이 나쁜 업을 짓고 큰 고통을 받으며 이런 불장난 같은 삶으로 부처님을 보지 못하고 법을 듣지 못함을

성경(신약) 서기 70년 저술	불경 서기 전 100년 편찬
	보고는… "내가 중생들을 대신하여 가지가지 괴로움을 받으면서도 끝내 그들을 해탈케 하리라" 하느니라.

해 설

※ 예수가 자기 목숨을 대속물(代贖物)로 주려고 이 땅에 왔다는 성경은 읽으면서도 모든 중생의 죄를 대신 속죄하는 뜻으로 지은 성철스님의 임종게의 뜻은 알지 못한다. 예나 지금이나 인간의 어리석음은 마찬가지인 듯하다.

- 성철스님의 열반송 -

生平欺誑男女群 彌天罪業過須彌
일생 동안 남녀의 무리를 속여 하늘 넘치는 죄업은 수미산을 지나친다.
活陷阿鼻恨萬端 一輪吐紅掛碧山
불타는 아비지옥에 떨어진 한이 만 갈래요,
한덩이 붉은 해가 푸른 산에 걸려 있다.

부처와 중생의 근본이 하나요, 둘이 아니니, 모든 중생들의 업장(業障)이 되어 그 죄업을 대신(代身) 속죄(贖罪)하는 뜻으로 읊으신 스님의 열반송을 이해하지 못한 것 같다.

이 열반송을 읽고 기독교 단체에서는 "성철스님 지옥에 떨어졌다"고 전국 불교 사찰에 편지를 띄우고 야단법석을 피웠던 일이 생각난다. 평생을 청정하게 살아오신 스님을 두고 그들의 극성이 매우 시끄러웠다.

15. 나와 내 아버지는 하나다

성경(신약) 서기 100년 저술	불경 서기 전 544년 결집
요한복음 10장 38절 …… 아버지가 내 안에 계시고 내가 아버지 안에 있다는 것을 깨달아 알게 될 것이다. **요한복음 10장 30절** 나와 내 아버지는 하나다. …… 이때 유대 사람들이 다시 돌을 집어 들어 예수께 던지려고 했습니다. …… 우리가 당신을 돌로 치려 하는 것은 …… 하나님을 모독했기 때문이요, 당신은 사람이면서 자신을 하나님이라고 했소.	**한글대장경 제8책 별역잡아함경** 189페이지 15째줄 원하옵노니 그 하나인 도(道)를 말씀하시어 모든 중생을 불쌍히 여겨 제도하소서. 과거의 여러 부처님께서도 이 하나인 도로 말미암아 고해(苦海)를 건너시며 미래와 현재의 부처님께서도 역시 이 도(道)로 말미암아 건너시네. … 190쪽 1줄 … 천상과 인간에서 가장 높으신 부처님께서 생로병사를 해탈하셨기에 모두가 다 귀의하옵나니 원컨대 미묘한 법바퀴(法輪)를 굴리시옵소서.

한글대장경 제39책 대반야경 19권
554페이지 35째줄

하나의 법으로써 온갖 경계를 알고 온갖 경계가 하나의 법을 여의지 않았음을 통달하느니라. 그 까닭이 무엇인가 하면 진여(진리)는 하나이기 때문이니라.

해 설

불교 선원에서 마음을 깨닫기 위해 정진하는 수도승들께 제시하는 이와 같은 화두(話頭)가 있다. 그 내용은 다음과 같다. 세상만사 만법(萬法)이 결국 하나로 돌아가는데(萬法歸一) 그 하나는 어디로 돌아가는가?(一歸何

處) 말해 보라 한다. 또 증일아함경에서는 "그들은 이 하나의 주장·하나의 이치·하나의 연설을 알지 못하느니라.… 어떤 비구로서 하나인 이 이치를 알면 현세에서 제일 높은 사람이 될 것이다.(증일아함경 2권 325쪽 41줄)
그러면 다른 종교에서 성현들은 어떻게 말씀하셨는지 살펴보자.

유교(儒敎)

공자 : 사야, 너는 내가 많이 배워 가지고 기억하는 사람이라고 생각하느냐?
제자 : 그렇습니다. 그렇지 않습니까?
공자 : 그렇지 않다. 나는 하나로써 관철(貫徹)하고 있다.(공자 논어)

도교(道敎)

有(있음)와 無(없음)는 같은 하나에서 나와서 이름이 다를 뿐이다.(노자 도덕경)
속된 눈으로 보면 하나하나가 다르지만 깨달음의 눈으로 보면 가지가지가 한결 같은데 어찌 번거로이 분별하며 취하고 버리는 것을 남용하리요.(채근담 후집 86)

소크라테스

마지막으로 이것을 더 쉽게 풀이해서 음악적으로 설명한 사람은 소크라테스다. "그 하나는 분별을 일삼아 서로 갈라지면서도 다시 하나가 된다는 것입니다. 마치 활과 거문고의 화음처럼 스스로 그 자체에서 조화를 잃지 않는다고 할 수 있을 것입니다. 그러나 그 조화란 서로 분열을 일으켜 대립하고 또 다시 대립하면서도 서로 조화를 이룬다는 것은 이만저만한 모순이 아니니까요"… 조화(하모니)란 협화음(심포니)을 가리키는 것으로 그것은 일종의 협조입니다.… 마찬가지로 리듬도 대립되던 것이 나중에는 조화로써 이루어진 것입니다.(소크라테스 향연에서)

힌두교

그대 「하나」인 영혼을 알라. 영혼이야말로 불멸의 존재로 건너가는 다리이다.(우파니샤드)

16. 어째서 너는 네 형제의 눈에 있는 티는 보면서…

성경(신약) 서기 70년 저술	불경 서기 전 544년 결집
누가복음 6장 40절 어째서 너는 네 형제의 눈에 있는 티는 보면서 네 눈에 있는 들보는 깨닫지 못하느냐. 네 눈에 있는 들보는 보지 못하면서 어떻게 형제에게 '형제여, 네 눈에 있는 티는 빼자'고 하느냐? 위선자여, 먼저 네 눈에 있는 들보를 빼내라. 그런 후에야 네가 정확히 보고 형제의 눈 속에 있는 티를 빼낼 수 있을 것이다.	**한글대장경 제170책 반니원경 (법집요송경)** 416쪽 28째줄 먼저 스스로 자기 몸을 바르게 하고 그런 다음에 다른 사람을 바르게 할 수 있다. 만일 먼저 스스로 제 몸을 바르게 하고 다른 사람을 침해하지 않으면 참다운 지혜인이라 한다. 부디 스스로 닦기를 힘써 그 교훈을 따라야 하느니라.

해 설

※ 인간의 어리석음에 대하여 가장 재미있게 표현한 현인은 소크라테스다. 소크라테스는 항상 아테네 시민을 향해 이런 말을 했다. "너 자신을 알라." 그래서 어느날 한 시민이 소크라테스에게 물었다. "선생님은 선생님 자신을 알고 있소?" 그러자 소크라테스가 대답했다. "나는 나 자신을 모르오. 그러나 나는 내가 내 자신을 모르고 있다는 것을 잘 알고 있소. 그런데 세상 사람들은 자기가 자기 자신을 모르고 있다는 것도 모르고 있소. … 그 사람이나 나는 선(善)이나 미(美)에 대해서 전혀 아는 것이 없는데도 그 사람은 자기가 모르는줄 모르고 있다. 그러나 나의 경우는 어떤가. 내가 모른다는 것을 분명히 알고 있기 때문에 나는 그 사람보다 지혜로운 사람이다. - (소크라테스 변명에서)

불교의 선문답(禪問答)에서도 자주 나온 말이다. 이런 문답에 대하여 태청은 이런 평을 했다. "모른다는 것이 사실은 아는 것이고, 안다는 것이 사실은 모른다는 것이 되는가." 그러니 누가 이 모르는 것이 아는 것임을 알고 있을까?

- (장자 지북유14)

17. 선한 이는 오직 한 분이시라

성경(신약) 서기 70년 저술	불경 서기 전 544년 편찬
마태복음 19장 16절 한 사람이 예수께 와서 물었습니다. "선생님 제가 영생을 얻으려면 어떤 선한 일을 해야 합니까?" 예수께서 대답하셨습니다. "왜 너는 선한 일을 내게 묻느냐? <u>선하신 분은 오직 한 분이시다.</u> 네가 생명에 들어가려면 계명들을 지켜라."	**한글대장경 제4책 중아함경 3권** 389쪽 2째줄 파세나디대왕이시여 여래(부처님)께서는 탐욕을 떠나 탐욕이 이미 다하였고, 성냄을 떠나 성냄이 이미 다하였으며, 어리석음을 떠나 어리석음이 이미 다하였소. 여래께서는 일체의 착하지 않은 법을 끊고 <u>일체의 착한 법을 성취하시어 진실로 선함을 가르치는 스승이오</u> 묘한 스승이시며 잘 말하시고 묘하게 말하시며......

해 설

성경에서는 선하신 분은 오직 한 분이시니 하나님이라 말하고, 불경에서는 일체 착한 법을 성취하시어 선함을 가르치는 분은 오직 부처님이라고 말했다.

18. 부자가 하늘나라에 들어가기는 어렵다
낙타가 바늘구멍으로 들어가기가 더 쉽다

성경(신약) 서기 70년 저술	불경 서기 전 544년 편찬
누가복음 18장 24절 부자들이 하나님 나라에 들어가기가 얼마나 어려운지 모른다. 부자가 <u>하나님 나라에 들어가는 것보다 낙타가 바늘구멍으로 지나가는 것이 더 쉽다.</u> 사람들이 물었습니다. "그러면 누가 구원을 받을 수 있겠습니까?" 예수께서 대답하셨습니다. "사람이 할 수 없는 일을 하나님께서는 하실 수 있다."	**한글대장경 제163책 십력경 외(사십이장경)** 40쪽 11째줄 <u>부호하고 귀해서는 도를 배우기 어려우니라.</u> …(22째줄)… 욕심을 끊고 공을 지키므로 곧 도의 진리를 보게 되면 숙명을 알게 되느니라. …(41쪽 4째줄)… 마음의 때(垢)가 다하면 비로소 영혼이 드러나서 죽으면 가는 곳을 알게 된다. 그러므로 <u>부처님 나라 불국토에 이르는 길은 그동안 도를 행한 덕인에게만 있을 따름이니라.</u>

한글대장경 제8책 별역잡아함경
474쪽 14째줄

탐욕의 성품은 본래 무상하나니 그것을 끊으면 도를 깨달을 수 있거니와 탐욕에 집착하여 속박되면 영원히 해탈을 얻지 못하리라.

해 설

부자가 하늘나라에 들어가는 것보다는 낙타가 바늘귀로 나가는 것이 더 쉽다는 말은 서양의 문학서적이나 철학서, 명언명귀집에 얼마나 많이 등장하는가. 시적(詩的)인 비유로 표현했기 때문이리라. 여기 성경과 불경이 똑같은 뜻이지만 부처님은 논리적으로만 자상하게 설명하셨다.

19. 항상 기뻐하라

성경(신약) 서기 70년 저술	불경 서기 전 200년 편찬
마태복음 5장 12절 〈팔복 중에서〉 기뻐하고 즐거워 하라. 하늘에서 너희들이 상이 크다. 너희들보다 먼저 살았던 예언자들도 그런 핍박을 당했다.	**한글대장경 제53책 대애경** 184쪽 27째줄 항상 기쁜 마음을 지님은 인간 지혜의 근본이다. …284쪽 34째줄… 가엾이 여기는 마음으로 중생을 돕고 기뻐하는 마음으로 사는 법을 성취하라. **한글대장경 제91책 본생경1권** 280쪽 5째줄 기뻐하는 마음으로 기뻐하는 사람 되어 저 열반을 얻기 위해 선법 닦으면 마침내 일체의 그 번뇌 없어지라.

20. 분노하고 성냄을 다스리라

성경(신약) 서기 70년 저술	불경 서기 전 544년 편찬
마태복음 5장 22절	**한글대장경 제7책 잡아함경 3권** 415쪽 8째줄
그러나 나는 너희에게 말한다. 형제에게 분노하는 사람도 심판을 받게 될 것이다. 또 형제에게 '라가'라고 하는 사람도 공희에서 심문을 당할 것이다. 그리고 '너는 바보다' 하는 사람은 누구든지 지옥불 속에 떨어질 것이다. 그러므로 네가 만약 제단에 예물을 드리다가 네 형제가 너를 원망하고 있는 것이 생각나면 예물을 거기 제단 앞에 두고 우선 가서 그 사람과 화해하여라. 예물은 그 다음에 돌아와 드려라.	아비나 어미나 형과 아우를 때리고 꾸짖고 욕설하면서 그 높고 낮음의 차례가 없는 것, 그것은 곧 지는 문에 떨어짐이다… 이것이 세상의 지는 길이다. **한글대장경 제20책 법구경 하권** 분노품 72쪽 3째줄 분노하고 성내면 법을 보지 못하고, 분해하고 성내면 도를 알지 못한다. …(11째줄)… 성내는 마음을 스스로 제어하기를 달리는 마차를 멈추듯 하면 그는 훌륭히 어거하는 사람이라. 어두움을 벗어나 밝음으로 들어가리라. 욕을 참는 것은 성냄을 이기고, 악함을 이기나니 욕을 참는 것은 가장 강한 것이다.

21. 네 눈이 너를 죄 짓게 하거든

성경(신약) 서기 70년 저술	불경 서기 전 544년 편찬
마가복음 9장 47절 또 네 눈이 너를 죄짓게 하거든 뽑아버려라. 두 눈을 가지고 지옥에 던져지느니 한 눈만 가지고 하나님 나라에 들어가는 것이 더 낫다. 지옥은 벌레도 죽지 않고 불도 꺼지지 않는 곳이다. …(9장 43절)… 네 손이 너를 죄짓게 하거든 잘라버려라. 두 손을 가지고 영원히 꺼지지 않는 지옥불에 떨어지느니 성하지 않는 몸이 되더라도 생명에 들어가는 것이 더 낫다. …45절… 네 발이 너를 죄 짓게 하거든 잘라 버려라 두 발을 가지고 지옥에 던져지느니 저는 다리로 생명에 들어가는 것이 더 낫다.	**한글대장경 제10책 증일아함경 2권** 476쪽 20째줄 차라리 쇠송곳을 불에 달구어 눈을 지질지언정 빛깔을 보고 난삽한 생각을 일으키지 말라. 빛깔을 보고 난삽한 생각을 일으킨 비구는 의식에게 패하고 비구로서 이미 의식에 패하면 반드시 지옥의 길로 나아가리라. …(28째줄)… 차라리 날카로운 송곳으로 그 귀를 찌를지언정 소리를 듣고 난삽한 생각을 일으키지 말라. 난삽한 생각을 일으킨 비구는 의식에게 패하는 것이다. 항상 깨어 있으면서 난삽한 생각을 일으키지 말라. …477쪽 첫째줄… 차라리 뜨거운 구리쇠판으로 그 몸을 감쌀지언정 장자나 거사나 바라문 여자와 접촉하지 말라 그들과 오가면서 말하고 접촉하면 반드시 지옥 · 축생 · 아귀의 세가지 나쁜 세계에 떨어질 것이다.

해 설

※ 예수 · 석가 모두 극단적인 말로 인간의 오감(五感)의 방종함을 경계하라는 경고의 말을 하고 있다.

22. 여자를 보고 음욕을 품은 자마다

성경(신약) 서기 70년 저술	불경 서기 전 544년 편찬
마태복음 5장 27절 또, 간음치 말라 하였다는 것을 너희가 들었으나 나는 너희에게 이르노니 여자를 보고 음욕을 품는 자마다 마음에 이미 간음하였느니라.	**한글대장경 제20책 법구경 외(법구비유경)** 124쪽 41째줄 양기가 왕성히 일어나면 마음은 미혹하고 눈은 어두워져 천지를 깨닫지 못한 사람이 있었다. …44줄… 그는 어느 날 도끼를 빌려다가 그것을 잘라 제거하려 했다. …125쪽 2줄… 그것을 아신 부처님이 말씀하셨다. "마음은 선악의 근본이다. 음욕의 근본을 끊으려 하면 그 마음을 제어하여야 한다."

해 설

간음의 근원이 육체에 있지 않고 마음에 있음을 밝힌 것이다. 왜냐하면 먼저 여자를 보고 느끼는 감각적 마음에서 시작되어 그 다음에 육체적 동작으로 파급되기 때문이다.

23. 지금이 바로 그때다

성경(신약) 서기 70년 저술	불경 서기 전 544년 편찬
요한복음 4장 23절 이제 참되게 예배하는 사람들이 영과 진리로 아버지께 예배 드릴 때가 오는데 지금이 바로 그때다. 아버지께서는 이렇게 예배 드리는 사람들을 찾고 계신다. **마태복음 16장 24절** "누구든지 나를 따르려 하거든 자기를 부인하고 자기 십자가를 지고 따라야 한다."	**한글대장경 제10책 증일아함경 2권** 264쪽 40째줄 그때 아자아타 사트루왕은 부처님 앞에 나아가 땅에 엎드려 두 손을 부처님 발 위에 얹고 사뢰었다. "원컨대 부처님께서는 가엾이 여겨 이 참회를 받아주소서. 죄없는 부왕을 잡아 해쳤나이다. 원컨대 부처님께서는 이 참회를 받아주소서. 다시는 범하지 않겠나이다. 과거를 고치고 미래를 닦겠나이다." 부처님께서는 말씀하셨다. "지금이 바로 그때다. 마

땅히 참회하여 때를 놓치지 말라. 대개 사람이 세상을 살아갈 때 허물이 있어도 곧 스스로 고치면 그는 상인(上人)이다. 내 법은 매우 넓고 크다. 진실로 참회하면 좋다.

한글대장경 제10책 증일아함경 2권　　269쪽 2째줄

사람이 악행을 지었더라도 진실로 허물을 뉘우치고 참회하면 차츰 엷어지나니 날로 뉘우쳐 계속 쉬지 않으면 비로소 죄의 뿌리가 뽑히리라.

한글대장경 제9책 증일아함경 1권　　87쪽 5째줄

비록 중한 죄를 지었더라도 뉘우치고 다시 범하지 않으면 그것은 계율에 알맞는 것이라서 그 죄의 근본을 뽑을 것이다.

해 설

※ 부왕을 죽이고 왕이 된 아자아타 사트루왕은 마음이 피로워 부처님께 참회하고 새로운 사람이 되는 길을 물었다.

24. 회개하라

성경(신약) 서기 70년 저술	불경 서기 전 544년 편찬
마태복음 3장 1절	**한글대장경 10책 증일아함경 2권** 514쪽 9째줄
그 무렵에 세례자 요한이 나타나 유대 광야에서 전파하며 말했습니다. 회개하라. 하늘나라가 가까이 왔다. 세례자 요한은 바로 예언자 이사야가 말했던 그 사람입니다. "광야에서 외치는 사람의 소리가 있다. 주를 위해 길을 예비하라. 주의 길을 곧게 하라."	그때에 푸라세나짓왕은 서모의 아들 백 명을 죽이고 후회하였다. …514쪽 30줄… 세존(부처님) 앞에 나아가 머리를 땅에 대고 다시 손으로 부처님 발을 어루만지며 호소하며 사루었다. "나는 지금 참회하나이다. …34줄… 어리석고 미혹하여 참과 거짓을 분별 못하고 왕의 위력을 위해 서모의 아들 백 명을 죽였나이다. 세존(부처님)께서는 말씀하셨다. …516쪽

40줄… 대왕이여 알아야 하오. 비법(非法)으로 백성을 다스리는 이는 모두 지옥에 날 것이니… 거기서 받는 고통은 이루 헤아릴 수 없을 것이요 …517쪽 14줄… 거기서 받는 고통은 그 죄가 다 없어져야 비로소 나오게 되오… 그것은 모두 전생에 바르지 않은 법으로 다스렸기 때문이요. …519쪽 18줄… 그러므로 대왕이여 지금부터는 바른 법으로 나라를 다스려 교화하고 비법을 쓰지 마시오. 대왕이여 이와같이 <u>참회하는 공부를 하여야 하오.</u> 그때 푸라세나짓왕은 부처님 말씀을 듣고 울며 참회하며 받들어 행하였다.

해 설

옛날에 왕들은 형제가 많으면 왕권에 불안을 느껴 꼬투리를 잡아 형제들을 죽이는 경우가 많았다. 하지만 이렇게 많은 이복 형제들을 죽였다 하니 놀랍다. 한 사람의 영달을 위해 100여 명의 목숨들이 희생되어야 한다니 참으로 삶 자체가 피로움이다.

25. 네 재산을 팔아 그 돈을 가난한 사람들에게 주어라

성경(신약) 서기 70년 저술	불경 서기 전 544년 편찬
마태복음 19장 17절 네가 생명에 들어가려면 계명들을 지켜라. …20절… 그 청년이 말했습니다. "이 모든 것을 제가 지켰습니다. 제가 아직 무엇이 부족합니까?" 예수께서 대답하셨습니다. "만일 네가 완전해지고자 한다면 가서 네 재산을 팔아 그 돈을 가난한 사람들에게 주어라. 그러면 네가 하늘에서 보물을 얻을 것이다. 그리고 와서 나를 따르라." 그러나 그 청년은 이 말을 듣고 슬픔에 잠겨 돌아갔습니다. 그는 굉장한 부자였기 때문입니다.	**한글대장경 18책 현우경(대시서해품)** 207쪽 37째줄 그 바라문은 부귀하기가 왕과 다름이 없었다. …211쪽 1줄… 그 아들(대시)은 아버지의 허락을 받고 곧 모든 백성들에게 알렸다. 지금 나 대시는 큰 보시를 행하려 한다. 모자라는 것이 있는 사람은 모두 와서 가져가라. 이렇게 방을 써서 붙이자 사문과 바라문과 빈궁한 자, 빚진 자, 외로운 자, 병자들이 도로를 메우면서 앞을 다투어 모여 들었다. …211쪽 14줄… 대시는 창고문을 열어 모든 것을 나누어 주어 그 소원을 채워 주었다. 옷을 요구한 자에게 옷을 주고 식량을 요구하는 자에겐 식량을 주며 금·은 등 7보와 수레·말·가마와 동산과 밭과 여섯가지 가축과 짐승들을 다 주었다. …211쪽 33줄… 바라문(대시 아버지)은 창고지기에게 말하였다. 나는 내 아들을 사랑하는 마음이 두터워 아들의 뜻을 꺾어 거절할 이유가 없다.

해 설

성경엔 너의 재산을 가난한 사람들에게 나누어 주라는 말에 그 자가 슬픔에 잠겨 돌아간 경우를 예로 들었고, 불경엔 자기 재산을 흔연히 가난한 사람들에게 나누어 주는 경우를 예로 들었다.

26. 자기를 높이는 사람은 낮아지고, 자기를 낮추는 사람은 높아질 것이다

성경(신약) 서기 70년 저술	불경 서기 전 544년 편찬
누가복음 14장 10절 　그러므로 초대 받으면 끝자리에 가서 앉아라. 그러면 주인이 와서 '친구여, 이리 올라와 더 나은 자리에 앉으시오' 할 것이다. 　그렇게 되면 다른 모든 손님들 앞에서 네가 높아질 것이다. <u>자기를 높이는 사람은 낮아지고, 자기를 낮추는 사람은 높아질 것이다.</u>	**한글대장경 제4책 중아함경 2권** 11쪽 21째줄 　어떤 사람은 호귀(豪貴)한 족속으로서 집을 나와 도(道)를 배우는데 다른 사람이 그렇지 않으면 그는 자기가 호귀족이라 하여 자기를 귀하게 여기고 남을 천하게 여긴다.… 그러나 참된 사람의 법은 이렇게 관찰한다. 호귀족이기 때문에 음욕과 성냄과 어리석음을 끊는 것이 아니다. 어떤 사람은 호귀족이 아니면서 수도(修道)하지만 그는 법을 행하기를 법답게 하고 법을 따라 순종하고 법을 행하고 법을 이어 받는다.…… 이렇게 나아가서 진실한 법을 얻는 사람은 <u>자기를 귀하게 여기고 남을 천하게 여기지 않는다.</u> 이것을 참된 사람의 진인법(眞人法)이라 하느니라.

27. 너희는 주머니에 금·은·동도 지니지 말라

성경(신약) 서기 70년 저술	불경 서기 전 544년 편찬
마태복음 10장 5절	**한글대장경 62책 사분율1권** 196쪽 7줄
예수께서 제자 12명을 보내시며 지시하셨습니다. 이방 사람의 길로 가지 말고… 오직 이스라엘 집 잃어버린 양들에게 가라. 가서 하늘나라가 가까이 왔다고 전하라. …9절… <u>너희는 주머니에 금도 은도 동도 지니지 말라</u>. 여행가방도 여벌 옷도 신발도 지팡이도 챙기지 말라. 일꾼이 자기 필요한 것을 받아 쓰는 것은 당연한 일이다.	"제가 아까 말씀 드린 것이 법에 어긋나지는 않습니까?" 부처님께서 대답하셨다. "그대가 말한 것은 바른 법 가운데 이익한 바가 많고 어기는 것이 없소. 왜냐하면 <u>사문석자(승려)는 금·은 혹은 돈을 가지지 못하며 보배·구슬·영락을 버리고</u> 치레용 좋은 옷을 가지지 말아야 하기 때문이오."

해 설
수행자는 몸에 귀금속을 지니지 말라는 계명을 밝힌 내용이다.

28. 알곡은 창고에 모아 들이고 쭉정이는 불에 태운다

성경(신약) 서기 70년 저술	불경 서기 전 544년 편찬
누가복음 2장 17절	**한글대장경 제3책 중아함경** **2권** 185쪽 33줄
그분이 손에 키를 들고 타작 마당을 깨끗이 치우시며 알곡을 창고에 모아들이고 쭉정이를 꺼지지 않는 불에 태우실 것이다.	모오갈라아나야 마치 거사가 가을 곡식을 다룰 때 곡식 무더기 속에 만일 알찬 곡식이 있으면 다루어도 그 자리에 머무르지만 만일 쭉정이나 껍질은 곧 바람을 따라 날아가는 것과 같다. 거사는 그것을 본 뒤에는 곧 비를 가지고 가려 쓸어서 맑게 하는 것과 같나니 무슨 까닭인가. 다른 깨끗하고 좋은 벼에 섞이지 않게 하기 위해서이다.

해 설

가을 곡식을 다루는 일을 성경과 불경에 나온 대로 기록한 것이다.

29. 나는 이 세상에 속하지 않았다

성경(신약) 서기 70년 저술	불경 서기 전 544년 편찬
요한복음 8장 23절	**한글대장경 제10책 증일아함경** **2권** 192쪽 24줄
그러자 예수께서는 말씀하셨습니다. "너희는 아래에서 왔고 나는 위에서 왔다. 너희는 이 세상에 속했지만 나는 이 세상에 속하지 않았다. …24절… 그래서 나는 너희가 죄 가운데서 죽을 것이라 말했다. …18장 36절… 내 나라가 세상에 속한 것이라면 내 종들이 싸워 유대사람들이 나를 체포하지 못하도록 막았을 것이다."	어떤 것을 세상에 집착하지 않고 또 세상에 머무르지 않는 것이라 하나이까? 세존(부처님)께서는 말씀하셨다. "내 주장으로 말하면 이 세상에 전연 집착하지 않고 탐욕에서 벗어나 갖가지 의혹을 끊고 아무 잡된 생각이 없는 것이다. 그것을 세상에 머무르지 않는다고 말한 것이니라."

해 설

예수는 나는 이 세상에 속하지 않았다고 했고, 부처님은 나는 이 세상에 집착하지 않고 머물지 않았다고 했다. 즉 이 세상에 머물지 않았다는 말은 이 세상에 애착 붙이거나 세상사에 미혹되지 않았다는 말을 완곡하게 표현한 것이다.

30. 누구의 죄 때문입니까?

성경(신약) 서기 70년 저술	불경 서기 전 544년 편찬
요한복음 9장 2절	**한글대장경 제12책 불반니원경** 69쪽 24줄
제자들이 예수께 물었습니다. "랍비여 이 사람이 눈 먼 사람으로 태어난 것은 누구의 죄 때문입니까? 이 사람의 죄 때문입니까. 부모의 죄 때문입니까?" 예수께서 대답하셨습니다. "<u>이 사람의 죄도 아니며 부모의 죄도 아니다.</u> 다만 하나님께서 하시는 일들을 그에게서 드러내시려는 것이다."	<u>선과 악이 각자 몸을 따르므로 아버지에게 있는 죄를 아들이 받지 않으며, 아들에게 있는 죄를 아버지가 받지 않고</u> 각자가 나고 죽고 하는데 선악의 죄과가 제각기 그 몸이 지은 업을 따르느니라.

해 설

기독교 교리에는 하나님이 모든 사람들의 삶을 항상 직접 주재하신다는 뜻을 밝히는 것이고 불교는 모든 사람들이 스스로 짓고 스스로 받는다는 자성인과(自性因果) 속에서 살고 있음을 밝히는 내용이다. 불교는 결국 주재자는 자기 자신의 마음이요, 정신임을 말씀하신 것이다.

31. 너희 원수를 사랑하라

성경(신약) 서기 70년 저술	불경 서기 전 544년 편찬
누가복음 6장 27절	**한글대장경 제8책 별역잡아함경** 286쪽 15째줄
그러나 내 말을 듣는 너희에게 내가 말한다. 너희 원수를 사랑하라. 너희를 미워하는 사람에게 잘해 주어라. 너희를 저주하는 사람들을 축복하고 너희에게 함부로 대하는 사람들을 위해 기도하라. 누가 네 뺨을 때리거든 다른 뺨도 돌려대라.	원수에게도 그 마음이 평등하여 사랑함으로 성내는 마음이 없고 법(진리)의 흐르는 물에 머물러 선정(禪定)의 마음에 들어가며 법을 생각하는 관찰을 닦으므로 열반에 나아가게 되나니라….
	한글대장경 제10책 증일아함경 **2권** 252쪽 31째줄

너희들이 혹 길을 가다가 도적에게 사로잡히더라도 마음을 바로 가져 미워하는 생각을 내지 말고 보호하는 마음을 일으켜 일체 곳에 두루 채워 한량이 없고 헤아릴 수 없게 하라. 즉 땅과 같은 마음을 가져야 한다. 땅은 깨끗한 것도 받고 더러운 것도 받아들인다. 똥·오줌 같은 것도 더러운 것을 모두 다 받는다. 그러나 땅은 좋아하거나 싫어하는 마음을 내지 않는다.

해 설

예수가 태어나기 천 년 전부터 만들어진 구약성경에는 네 이웃을 사랑하고 네 원수를 미워하라는 계명이 있다. 예수는 이런 구약성경의 내용들을 비판하고 불교처럼 원수에게도 그 마음이 평등하여 사랑함으로 대하라고 고쳤다. 그래서인지 예수는 이외에도 구약성경의 어설프고 모순이 많음을 비꼬는 말들이 많다.

32. 사랑에 대하여 언급한 것들

성경(신약) 서기 70년 저술	불경 서기 전 544년 편찬
누가복음 6장 27절 너희 원수를 사랑하라. 너희를 미워하는 사람들에게 잘 해 주라. 너희를 저주하는 사람들을 축복하고 너희를 함부로 대하는 사람들을 위해 기도하라. **요한복음 13장 34절** 내가 너희에게 새 계명을 준다. 서로 사랑하라. 내가 너희를 사랑한 것 같이 너희도 서로 사랑하라. 너희가 서로 사랑하면 이로써 모든 사람들이 내 제자임을 알게 될 것이다.	**한글대장경 제92책 본생경 2권 544쪽** 분노를 분노로 갚으면 그 분노는 끝내 쉬지 않나니 사랑으로 그것을 안정시켜라. 그것이야말로 영원한 법이니라. **한글대장경 제10책 증일아함경 2권 305쪽 29째줄** 대개 선한 법을 행한다는 것은 바로 사랑하는 마음이다. 왜냐하면 인자함을 실행하고 사랑을 행하면 그 덕은 넓고 크기 때문이다. 나는 옛날 사랑과 인자함의 갑옷을 입고 악마의 권속들을 항복받고 보리수 아래 앉아 위없는 도를 성취하였느니라. 이런 사실로 보아서도 사랑이 제일임을 알 수 있느니라. 사랑이란 가장 훌륭한 법이다.

해 설
성경과 불경이 모두 사랑의 중요성을 강조하는 내용들이다.

33. 가이사의 것은 가이사에게 바치고 하나님의 것은 하나님에게 바치라

성경(신약) 서기 70년 저술	불경 서기 전 544년 편찬
마태복음 22장 17절 　저희가 가이사에게 세금을 바치는 것이 옳습니까? 옳지 않습니까? 그러나 예수께서는 이들의 악한 속셈을 알고 말씀하셨습니다. 이 위선자들아 너희가 왜 나를 시험하느냐… 예수께서 그들에게 말씀하셨습니다. "그러므로 <u>가이사의 것은 가이사에게 바치고 하나님의 것은 하나님께 바치라.</u>" 그들은 예수의 말씀을 듣고 경탄했습니다. 그리고 예수를 남겨둔 채 떠나갔습니다.	**한글대장경 제8책 별역잡아함경** 441쪽 25째줄 　우리 경서(經書)에서 말하기를 "<u>아사리 것이면 응당 아사리 몫을 주어야 하고, 화상의 것이면 응당 화상의 몫을 주어야 한다</u>"고 하였습니다. 고타마 부처님이시여 당신은 지금 바로 저의 아사리이십니다. 저를 불쌍히 여기시어 저의 옷 시주를 받아주십시오. ※ 아사리(阿闍梨) : 교단이나 법회를 이끄는 최고의 지도자로서 부처님을 말한다. 　화상(和尙) : 보통 수행자들 중 원로스님들

해 설

　당시 이스라엘은 로마제국에 정복 당해서 로마에서 파견한 빌라도 총독의 지배하에 있었다. 가이사란 로마제국의 황제를 말한다. 그런데 가이사에게 세금을 바치는 것이 옳다고 말하면 이스라엘 국민들의 반감을 사게 될 것이고, 바치지 않아야 옳다고 말하면 당장 총독 빌라도에게 잡혀가 죽음을 면치 못할 것이다. 이런 식으로 자신에게 올가미를 씌운 것을 예수는 지혜롭게 빠져 나간 셈이다.

　고대 인도에서는 법회를 진행할 때 주는 보시금에 차등을 두었다. 그래서 아사리에게 가는 것이면 아사리 몫을 주고 화상에게 가는 것이면 화상의 몫을 주라는 뜻이다. 신도가 부처님께 드리는 옷을 부처님이 사양하시자 받아주시기를 간청한 내용이다.

34. 진리가 너희를 자유롭게 하리라

성경(신약) 서기 100년 저술	불경 서기 전 544년 편찬
요한복음 8장 32절 예수께서 자기를 믿게 된 유대 사람들에게 말씀하셨습니다. "만일 너희가 내 말대로 산다면 너희는 참으로 내 제자들이다. 그리고 너희는 진리를 알게 될 것이며 <u>진리가 너희를 자유롭게 할 것이다.</u>"	**한글대장경 제18책 현우경** 276쪽 33째줄 부처님은 말씀하셨습니다. "나는 모든 감관이 고요하여 <u>자유를 얻었다.</u> 그런데 너(앙굴마라)는 이교도의 나쁜 스승에게서 삿된 신(神)의 법을 배워 네 마음 본질이 변해 버렸으므로 가만히 머무르지 못하고 밤낮으로 사람을 죽여 끝없는 죄를 짓는구나"

<u>그는 이 말을 듣자 갑자기 마음이 열려 칼을 멀리 던져 버리고 멀리서 부처님을 향해 예배하며</u> 스스로 다가왔습니다.

한글대장경 제7책 잡아함경 3권(앙굴마라적경)
124쪽 12째줄

나는 일체의 신(神)에 대해서 칼질이나 몽둥이질을 쉬었지만은 너는 저 모든 신(神)에 의해서 언제나 너의 정신을 괴롭게 하고 못견디게 하여 그 검은 나쁜 업을 짓고 지금에도 살인을 쉬지 않는구나. 나는 언제나 마음을 쉬는 법에 머물러 있어 일체 방탕하게 놀지 않지만 너는 아직 4가지 진리를 못보았기 때문에 방일(放逸)하고 방탕함을 쉬지 못하는구나. 마치 세상이 서로 자기 신(神)을 내세워 싸움을 일삼듯이.

해 설

※ 석가모니 부처님 말씀과 같이 불교 교리에는 설사 자기 나라가 다른 나라를 침략하더라도 그것을 합리화시켜 주고 편들어 주는 말이 없다. 그래서인지 세계 역사상 불교로 인한 전쟁은 한 번도 없었다고 한다. 다른 종교들은 자기들 신(神)의 십계명을 받들어 신(神)이 이 땅을 지키고 민족을 수호하라 명령한 것이라면서 오늘도 총검의 기치를 높이 들고 성전! 성전!을 외쳐댄다. 또는 전쟁하기 전 가슴에 성호를 그리며 승리를 기원한다. 지난 역사 속에서 십자군전쟁·백년전쟁·삼십년전쟁·스페인전쟁 등 무수한 전쟁을 치루고 지금도 팔레스타인과 중동의 문제로 전쟁은 현재 진행형이다. 서로 이교도를 보고 마귀 또는 악마라 부른다. 바로 자신들이 마귀들이요, 악마들임을 지혜로 비추어 보고 각성(覺性 = 인간의 본성을 깨달음)하지 않는 한 이런 문제들은 결코 이 지상에서 해결될 날이 없을 것이다.

※ 재미있는 이야기가 있다. 지나간 세계2차대전때 일본은 아시아 여러 나라를 정복하고 지배할 야망을 가졌었다. 그렇게 하려면 다른 나라들처럼 신(神)을 내세워 국민정신을 고치시키고 앙양시키는 교리가 뒷받침이 되어야 했다. 그래서 일본 국민의 99%가 불교신자이니 불경 속에서 그런 뜻을 가진 말을 한 번 찾아보려고 했다. 그러나 팔만대장경을 다 읽어도 다른 나라를 침략하는 그것을 합리화시킬 수 있는 구절들을 찾지 못했다. 그래서 할 수 없이 새로운 종교를 하나 만들기로 했다. 그렇게 해서 만든 종교가 신도(神道)요, 신사(神社) 참배였다. 일본 천황을 바로 그 신의 아들로 선포했다. 그렇게 해서 미국과 5년간 전쟁을 벌리고 가미가제 비행단으로 미국 배들을 공격했었다. 그러나 일본은 패전했다. 패전하고 나서 일본 천황은 나는 이제 신(神)의 아들이 아니라고 선언해야 했다.

이렇게 인류역사상 전쟁과 떨어질 수 없는 종교들이란 무엇인가? 왜 종교가 전쟁의 명분이 되어 인류를 피 흘리게 했던가? 하지만 동양에서 발생한 유교·불교·도교·힌두교는 전쟁의 명분이 되어주지 않았다. 그 교리들은 침략전쟁을 절대로 합리화시켜 주지 않았다. 오직 서양에서 발생한 기독교와 이슬람교가 자기들 신을 내세워 전쟁을 합리화시킨다. 신을 향한 거룩한 사명감으로 불타서 전쟁을 일으켜 왔다. 이렇게 먹고 먹히는 열강들의 틈바구니에서 나라와 민족을 수호하고 지키기 위해 시작된 것이 당시 유대교였다. 중간에 예수는 그 유대교를 비판하고 혁신하기 위해 새로운 기독교를 발생시켰다. 그러나 그 교리를 살펴보면 전혀 새로운 것이 아니다. 왜냐하면 교리의 기본이 되는 유일신 사상이나 천지창조설은 유대교(구약성경) 교리에서 그대로 가져왔고, 그리고 진리를 상징하는 지혜로운 말들 즉, 비유법들은 70%를 불경 구절에서 가져다가 합성(合成)시켜 놓은 종교다. 예수는 석가모니의 불교 교리를 가져다가 자기 교설로 둔갑시킨 것이다.

그런데 후세에 이런 일이 일어날 것을 미리 예견하였음인지 법구경(백유경) 272쪽 36줄엔 이런 말이 나온다. "그것은 마치 저 외도(이교도)들이 부처님의 좋은 말씀을 듣고는 가만히 훔쳐다 자기 것으로 삼아 쓰다가 곁에 있는 사람들이 그를 시켜 불교 그대로 수행하라" 하면 그는 즐겨 수행하지 않고 이렇게 말한다. "나는 나의 이익을 위하여 저 부처의 말을 끌어와 중생을 교화하지만 실제의 신분은 사실이 아닌데 어떻게 그대로 수행하겠는가" 한다. 그것은 마치 어리석은 사람이 재물을 얻기 위하여 남을 내 형님이라 칭하다가 빚을 다 갚을 때에는 이제 나의 형님이 아니라고 하는 것처럼 이것도 그와 같은 것이다.

그리고 또 오백 년의 세월이 흘렀다. 이번에는 먼 유대나라에서 예수가 인도에 왔다. 예수는 14세 때 아리안인들 속에 정착하여 힌두 거장들에게 베다·우파니샤드 등을 공부하였으나 4성 계급을 주장하는 바라문교에 실망을 느끼고 이를 비판하며 이곳을 탈출한다. 예수는 만인의 해탈 가능성과 평등사상을 부르짖는 불교에 매료돼 불교도들 틈에 들어가 부다가야 녹야원 베네라스 등지에서 6년간 불교 교리를 배우며 수도생활을 한다. 그리고 예수의 불교 공부는 카시미아를 거쳐 라다크「레에」에서 팔리어 산스크리스트어를 배우며 계속되었고 이어 티베트에서는 그곳 밀교계 고승 '맹그스트'에게서 기적을 일으키는 비법과 심령치료 비방 등을 집중적으로 익혔다. 이렇게 16년의 세월이 흐른 후 불교 승려의 이름이 이사대사였던 예수는 페르시아(이란)를 거쳐 30세 때 본국 이스라엘로 돌아왔다.

그리고 불교적인 요소가 섞인 비유법을 사용하여 설교함으로 인하여 이제까지의 구약성경과 다른 신약성경이 탄생하게 되었다. 구약성경에 "네 이웃을 사랑하고 네 원수를 미워하라"라는 말이 나온다. 그러나 예수는 네 이웃을 사랑할 뿐 아니라 네 원수도 사랑하라는 말로 바꾼다. 또 구약성경에 눈에는 눈으로 이에는 이로 갚으라는 말을 고쳐 네 오른쪽 뺨을 치거든 왼쪽 뺨도 돌려 대라고 불교식으로 수정했다. 뿐만 아니라 전반에 걸쳐 대혁신을 이룬 신약성경을 이루고 보니 비로소 기독교는 기존의 유대교와 다른 강력한 힘을 받는 종교로 떠오르게 되었다. 석가모니 부처님은 설교(법문)하실 때 많은 논리적인 이론을 펼치신다. 그러나 그것이 보통 사람들에게는 이해하는 데 어려운 점이 많았다. 그것을 아시는 부처님은 논리적인 이론의 어려움을 쉽게 이해시키기 위해 마지막엔 자연 속에서 많은 비유를 끌어오고 인간의 심성의 움직임 속에서 많은 비유를 끌어와 불경의 논리적인 어려움들을 쉽게 이해할 수 있도록 하셨다. 방대한 팔만대장경(일체불경) 속에 등장하는 그 무수한 비유법들을 가져다가 예수는 신약성경을 훌륭하게 만들어낸 셈이다.

아마 구약성경 내용만 가지고는 기독교가 세계적으로 뻗어 나가지는 못했을 것이다. 신약성경에 그렇게 많은 불교적인 요소들을 가미했기 때문에 기독교가 세계적인 큰 힘을 받는 종교로서 부상하게 되었을 것이다. 사실 신약성경에서 불교적인 요소들을 빼버리면 신약성경에 자기들만이 갖는 독창성 있는 교리 구절들이 몇 구절 안 된다. 그동안 인류역사와 종교에 이런 아이러니가 숨어 있었다니 참으로 놀라운 일이다.

35. 성령 · 성인을 훼방하는 자는

성경(신약) 서기 70년 저술	불경 서기 전 544년 편찬
마태복음 12장 31절	**한글대장경 제8책 별역잡아함경** 460쪽 39째줄
그러므로 내가 너희에게 말한다. 사람의 모든 죄와 신성 모독하는 말은 용서 받겠지만 성령을 모독하는 것은 용서 받지 못할 것이다. 누구든지 인자를 욕하는 사람은 용서 받겠지만 <u>성령을 모독하는 사람은 이 세대와 오는 세대에서도</u> 용서 받지 못할 것이다.	사람이 세상을 살아가는 데 도끼가 그 입 속에 있어서 그 나쁜 말로 말미암아 자기 몸을 스스로 베는 것이다…… 꾸미는 말함과 재산 뺏음은 오히려 작은 허물이며 <u>부처님과 성인을 비방하면 그야말로 큰 죄악이니 그 받는 고통이 길어서 백천 겁을 넘도록 나라부 지옥에 들리라.</u>

36. 내게 죄를 범하면 몇 번이나 용서하여 주리이까

성경(신약) 서기 70년 저술	불경 서기 전 544년 편찬
마태복음 18장 21절	**한글대장경 제9책 중일아함경 1권** 307쪽 15째줄
그때 베드로가 예수께 와서 물었습니다. "주여 제 형제가 제게 죄를 지으면 몇 번이나 용서해야 합니까? 일곱 번까지 해야 합니까?" 예수께서 대답하셨습니다. "내가 너희에게 말한다. 일곱 번만 아니라 70번씩 일곱 번이라도 용서해야 한다."	원한을 원한으로 갚으면 원한은 쉬지 않는다. 이것은 옛날부터 있는 법이다. 그러나 원한을 마음 속에서 없애면 원한을 이긴다. 이 법은 영원이 변치 않는 진리다.

37. 수고하고 무거운 짐 진 자들아

성경(신약) 서기 70년 저술	불경 서기 전 544년 편찬
마태복음 11장 28절	**한글대장경 제5책 잡아함경 1권** 76쪽 11째줄
수고하고 무거운 짐 진 자들아, 다 내게 오라. 내가 너희를 쉬게 하리라. 나는 마음이 온유하고 겸손하니 나의 멍애를 메고 내게 배우라. 그러면 너희 마음이 쉼을 얻으리라. 이는 내 멍애는 쉽고 내 짐은 가벼움이라 하시더라.	어떤 것이 무거운 짐을 가지는 것인가? 미래의 존재를 위한 사랑과 탐욕과 기쁨이 어울린 이것 저것에 대한 애착이다. … 이런 욕심을 토해 버리듯 버려라. … 어떤 것이 무거운 짐꾼인가 이른바 사대부(士大夫)가 그들이니 그들의 이름과 출신과 고락과 부귀와 장수이니 이런 무거운 짐을 버려라.

    예수는 석가모니의 말을 가져다가 자기 말인 양 한층 시적(詩的)으로 멋있게 표현했다.
    "수고하고 무거운 짐진 자들아, 다 내게 오라. 내가 쉬게 하리라."
하며 예언자다운 품위를 갖추어 말했다.
    남의 종교 교리 가져다가 자기답게 잘 다듬어서 표현했다.

38. 가장 보잘것 없는 사람에게 한 것이 곧 내게 한 것이다

성경(신약) 서기 70년 저술	불경 서기 전 544년 편찬
마태복음 25장 40절 내가 진실로 너희에게 말한다. "무엇이든 너희가 여기 있는 내 형제들 중에서 <u>가장 보잘것 없는 사람에게 한 것이 곧 내게 한 것이다.</u>"	**한글대장경 제10책 증일아함경 2권** 282쪽 24째줄 병자를 간호하는 것보다 그 복이 훌륭한 것을 보지 못하였기 때문이다. <u>병자를 돌보는 것은 나를(부처님) 돌보는 것과 다름이 없느니라.</u> …(35째줄)… 알고도 행하지 않으면 법률로 다스리리라. 비구들이여, 이것이 내 교훈이다.

39. 온갖 색깔 중에는 흰 것이 제일인 것처럼

성경(신약) 서기 70년 저술	불경 서기 전 544년 편찬

마태복음 17장 1절

그리고 6일 후에 예수께서 베드로와 야고보와 야고보의 동생 요한을 데리고 높은 산으로 올라가셨습니다. 예수께서 그들 앞에서 모습이 변하셨습니다. 예수의 옷은 이 세상 그 누구도 더 이상 희게 할 수 없는 만큼 새하얗게 광채가 났습니다. 바로 그때 모세와 엘리야가 그들 앞에 나타나 예수와 이야기를 나누었습니다. 베드로가 예수께 말했습니다. 주여, 우리가 여기 있으니 참 좋습니다. 주께서 원하신다면 제가 여기에다 초막 셋을 만들어 하나는 주를 위해 하나는 모세를 위해 하나는 엘리야를 모시도록 하겠습니다. 베드로가 말하고 있을 때 빛나는 구름이 그들을 덮더니 구름 속에서 소리가 들려왔습니다. "이는 내 사랑하는 아들이다. 내가 그를 기뻐한다. 너희는 그의 말을 들으라. 그 소리를 듣고 제자들은 너무나 두려운 나머지 얼굴을 땅에 대고 엎드렸습니다. 예수께서 다가와 그들을 어루만지며 말씀하셨습니다. 일어나라. 두려워하지 말라. 그들이 눈을 들어보니 예수 외에는 아무도 보이지 않았습니다.

한글대장경 제8책 별역잡아함경
125쪽 37째줄

온갖 색깔 중에는 흰 것이 제일인 것처럼 온갖 착한 선(善) 법 중에는 방일(放逸)하지 않음이 제일입니다.

한글대장경 제8책 별역잡아함경
522쪽 29째줄

희고 깨끗하고 희고 깨끗한 법인 백정(白淨) 비구니는 잘 선정(禪定) 닦아서 온갖 번뇌 영원히 떠나 고요한 열반에 도달하였네.

게 송

白衣觀音無說說
南詢童子不聞聞

〈해설〉 새하얀 옷 입으신 관세음보살님은 말없이 항상 말하시고
　남순동자는 귀가 아니어도 들리는 그 말씀 항상 듣고 있네.

40. 복의 힘이 가장 훌륭하다

성경(신약) 서기 70년 저술	불경 서기 전 544년 편찬
마태복음 5장 2절 예수께서 입을 열어 그들을 가르치며 말씀하셨습니다. 복되도다! 마음이 가난한 사람들은, 하늘나라가 그들의 것이다. 복되도다! 슬퍼하는 사람들은, 그들에게 위로가 있을 것이다. 복되도다! 온유한 사람들은, 그들의 땅을 유업으로 받을 것이다. 복되도다! 의에 주리고 목마른 사람들은, 그들은 배부를 것이다. 복되도다! 자비로운 사람들은, 그들은 자비를 받을 것이다. 복되도다! 마음이 깨끗한 사람들은, 그들은 하나님을 볼 것이다. 복되도다! 평화를 이루는 사람들은, 그들은 하나님의 아들이라 불릴 것이다. 복되도다! 의를 위해 핍박 받는 사람들은, 하늘나라가 그들의 것이다. 복되도다! 나 때문에 사람들의 모욕과 핍박과 터무니 없는 온갖 비난을 받는 너희들 기뻐하고 즐거워하라. 하늘에서 너희들의 상이 크다. 너희들보다 먼저 살았던 예언자들도 그런 핍박을 당했다.	**한글대장경 제10책 증일아함경 2권** 111쪽 28째줄 세상에서 복을 구하는 사람으로 나보다 더한 사람은 없다. 왜 그런가 하면 나는 6가지 법에 있어서 만족할 줄 모른다. 그 여섯이란? 첫째는 보시요, 둘째는 교훈이며, 셋째는 참기(인욕)요, 넷째는 법의 뜻 설명이며, 다섯째는 중생을 보호하는 것이요, 여섯째는 더 위없는 바른도(無上正等覺)를 구하는 것이다. 아니룻다야 이것이 이른바 '나는 이 여섯가지 법에 만족하지 못한다는 것이다.' …(112쪽 4째줄)… 이 세상 모든 힘으로 천상·인간에 두루 놀 때에 복의 힘이 가장 훌륭하나니 그 복(福)으로 불도를 성취한다. **한글대장경 제8책 별역잡아함경** 480쪽 35째줄 복의 무더기는 불이 태우지 못하고 회오리 바람도 넘어뜨리지 못하고 겁이 다하여 홍수에 잠기더라도 그를 능히 부패하게 하지 못하리.

41. 이 산을 명하여 저기로 옮기라 하여도…

성경(신약) 서기 70년 저술	불경 서기 전 544년 편찬
마태복음 17장 20절	**한글대장경 제20책 법구경 외(법구비유경)** 250쪽 2째줄
예수께서 대답하셨습니다. "너희 믿음이 적기 때문이다. 내가 진실로 너희에게 말한다. 너희에게 겨자씨 한 알 만한 믿음만 있어도 이 <u>산을 향해 '여기서 저기로 옮겨 가거라' 하면 옮겨 갈 것이요.</u> 너희가 못할 일이 없을 것이다."	부처님은 그것을 잘 해설하시어 우리들이 아직 듣지 못한 것을 가르쳐 주소서. 부처님은 말씀하셨다. "잘 듣고 잘 생각하라. 나는 전생에 수없는 겁 동안 항상 이 법을 익혀 다섯 가지 <u>신통을 얻어 산을 옮겨 놓고 흐르는 물을 그치게</u> 하였느니라."

42. 인내(인욕)보다 훌륭한 것 없다

성경(신약) 서기 70년 저술	불경 서기 전 544년 편찬
누가복음 21장 19절 너희가 인내함으로 너희 영혼을 얻을 것이다. **마태복음 10장 22절** 너희는 내 이름 때문에 모든 사람에게서 미움을 받을 것이다. 그러나 끝까지 견디는 사람은 구원을 받을 것이다. **누가복음 9장 23절** 그러고는 모두에게 말씀하셨습니다. "누구든지 나를 따르려면 자기를 부인하고 날마다 자기 십자가를 지고 따라야 한다."	**한글대장경 제7책 잡아함경 3권** 189쪽 22째줄 참음(忍耐)을 닦는 것 그 위에 있는 것 없느니라. **한글대장경 제8책 별역잡아함경** 79쪽 8째줄 그러므로 성현이신 그 이들은 항상 참는 공덕을 칭찬하며 자기와 남들에 대하여 모든 난관과 모든 공포를 없애 준다. **한글대장경 제9책 증일아함경 1권** 466쪽 20째줄 그러므로 비구들이여 지금부터는 다투는 마음으로 승부를 겨루지 말라. …17째줄… 나 혼자 천명의 적을 이긴다해도 자기를 이기는 것만 같지 못하다. 스스로 참는 것이 제일이다. …22째줄… 만일 승부를 겨루는 마음으로 다투면 곧 법률로서 다스릴 것이다.

해 설

서산스님의 말씀에 "참는 일이 없는 곳엔 모든 일이 제대로 이루어지지 않는다"고 하셨다.〈선가구감〉 인종(忍從) 그것은 인생의 안내자이다.〈베토벤〉

43. 자비심이 부처의 시작이다

성경(신약) 서기 70년 저술	불경 서기 전 544년 편찬
마태복음 12장 7절	**한글대장경 제10책 증일아함경 2권** 73쪽 8째줄
내가 원하는 것은 제사가 아니라 자비라고 하신 말씀의 뜻을 너희가 알았다면 너희가 죄없는 사람들을 정죄하지 않았을 것이다.	비구들이여 몸으로 행할 때 자비를 생각하되 거울에 얼굴을 비춰보듯하라. 그것은 공경할 만하고 귀히 여길 만한 것이니 잊거나 잃지 않도록 하라. 다시 입으로 행할 때 자비를 생각하고, 뜻으로 행할 때 자비를 생각하라 …(현우경 336쪽 20째줄)… 자비심이 부처의 시작이니라. (佛始起慈心緣)

해 설

사람이 사람의 잘 잘못을 가려내려고 할 때는 기본적으로 자비심을 품고 있는 사람만이 올바르게 판단하고 설득하고 이해시킬 수 있음을 말씀하신 것이다.

자비심에 관한 말이 나오다 보니 문득 하나 더 생각나는 것이 있다. 이슬람교의 코란에 언급된 말이다.

"자비심 앞에 머슴 노릇을 하지 않는 사람은 하늘에도 땅에도 없다."(마호메트)

44. 세상살이 욕심

성경(신약) 서기 70년 저술	불경 서기 전 544년 편찬
누가복음 12장 16절 　한 부자가 수확이 잘 되는 땅을 가지고 있었는데…… 내 곡식을 쌓아둘 곳이 없구나 하고 생각했다. …… 창고를 더 크게 지어 곡식과 물건을 거기에 쌓아두어야겠다. 그러고 나서 내 영혼에게 말하겠다. 　"영혼아, 여러해 동안 쓸 물건을 많이 쌓아두었으니 편히 쉬고 먹고 마시고 즐겨라." 　그러나 하나님께서 그에게 말씀하셨다. 　"이 어리석은 사람아, <u>오늘밤 네 영혼을 도로 찾을 것이다.</u> 그러면 네가 너를 위해 장만한 것들을 다 누가 갖게 되겠느냐?"	**한글대장경 제7책 잡아함경 3권** 157쪽 10째줄 　<u>악마</u> : 그러므로 마음대로 설산을 순금으로 변하게 할 수 있을 것입니다. 그래서 나는 또 부처님께 "왕이 되소서. 뜻대로 될 것입니다"고 여쭈었나이다. 　<u>부처님</u> : 나는 국왕이 되고 싶은 생각은 전혀 없다. 그런데 어떻게 되겠는가. 또 나는 설산을 순금으로 변하게 하려는 마음도 없다. 그런데 어떻게 변하겠는가…… 어떤 사람이 그 금을 얻는다 해도 오히려 만족할 줄 모를 것이다. <u>그러므로 저 지혜로운 사람은 그 금과 돌을 같다고 보느니라.</u>

한글대장경 제19책 출요경
119쪽 28째줄

　하늘에서 칠보가 비처럼 쏟아져도 탐욕 많은 사람 만족할 줄 모르나니 <u>즐거움은 적고 괴로움 많은 것을 깨닫는 그 사람을 현자라 한다.</u>

45. 거기서 슬피 울며 이를 갈리라

성경(신약) 서기 70년 저술	불경 서기 전 544년 편찬
마태복음 24장 48절	**한글대장경 제8책 별역잡아함경** 457쪽 27째줄
그러나 그 종이 악한 마음을 품고 생각하기를 '내 주인은 아직 멀리 있다' 라고 하며 함께 일하는 다른 종을 때리고 술 좋아하는 친구들과 어울려 먹고 마신다면 종이 미처 생각지도 못한 날에, 그리고 알지도 못한 시각에 그 종의 주인이 돌아와 그 종을 처벌하고 위선자들과 함께 가두리니 그들은 <u>거기서 슬피 울며 이를 갈 것이다.</u>	어리석어 지혜 적은 이는 온갖 나쁜 업만 저지르나니 자기 몸 위해 나쁜 짓 하다가 뒤에는 큰 고통의 과보 받네. 이렇게 짓는 업이 착하지 못하면 짓고서 스스로 태우고 지지나니 어리석어 <u>온갖 악을 짓다가</u> <u>과보 받으면 슬피 울부짖네.</u>

팔리어경장 수타니파타 652

<u>행위에 따라 도적이 되고, 행위에 따라 무사가 된다.</u> …… 현자는 이렇게 행위 있는 그대로 보고 판단한다. 그는 그 근원을 보는 자이며 행위(業)와 그 과보를 잘 알고 있다. <u>세상은 행위로 인해 존재하며 사람들도 행위로 인해 존재한다.</u>

해 설

불경에서는 인간이 악을 짓다가 그 과보를 받으면 슬피 울부짖는다 하고 성경에서는 슬피 울며 이를 갈 것이다로 표현했다. 이를 간다는 말이 성경 여기저기서 자주 나온다.

46. 예수·석가 모두 하늘나라에서 내려왔다는 기록들

성경(신약) 서기 70년 저술	불경 서기 전 160년 편찬
누가복음 1장 26절	**한글대장경 제156책 과거현재 인과경** 29쪽 31째줄
그후 여섯 달째에 하나님께서 천사 가브리엘을 갈릴리 나사렛 마을에 한 처녀에게 가게 하였는데 그 처녀는 다윗 가문에 속한 요셉이라는 남자와 약혼한 마리아였습니다. 천사가 마리아에게 가서 말했습니다. "기뻐하여라. 은혜를 입은 자여, 주께서 너와 함께 하신다." 천사의 말에 마리아는 당황하며 깜짝 놀라 이게 무슨 인사인가 하고 생각했습니다. 그러자 천사가 말했습니다. "두려워 말라. 네가 하나님의 은혜를 받았다. 보아라. 네가 잉태해 아들을 낳을 것이다. 그러면 그 이름을 예수라 하여라. 그는 위대한 이가 될 것이요. …… 성령이 네게 임하실 것이며 지극히 높으신 분의 능력이 너를 감싸 주실 것이다. 그러므로 태어날 거룩한 아기는 하나님의 아들이라 불릴 것이다."	※장차 성불하리라는 보광여래의 수기를 받은 선혜보살(장차 석가모니불)은 하늘나라 도솔천궁에서 선언한다. 선남자들이여, 알아야 합니다. 모든 행(行)은 모두 다 무상한지라 나도 이 하늘궁전을 버리고 떠나 잠부드비이파에 태어날 것입니다. …(31쪽 5째줄)… 그대들은 아셔야 합니다. 지금이야말로 바로 중생을 제도해 해탈할 때이므로 나는 내려가서 잠부드비이파의 카필라국 감자후손 샤이카 성바지인 백정왕의 집에 태어나야 하겠습니다. 나는 거기에서 태어나 부모를 멀리 떠나 처자와 왕위를 버리고서 출가하여 도를 배우며 고행을 닦아 악마를 항복 받고 일체종지를 이룩하여 법륜을 굴리리니…….

47. 남녀 동침하지 않고 잉태

성경(신약) 서기 70년 저술	불경 서기 전 544년 편찬
마태복음 1장 23절	**한글대장경 제15책 불본행집경 1권** 88쪽 12째줄
"처녀가 잉태해 아들을 낳을 것이요, 그를 임마누엘이라 부를 것이다." 임마누엘이란 하나님께서 우리와 함께 하신다는 뜻입니다. 잠에서 깨어난 요셉은 주의 천사가 명한 대로 마리아를 아내로 맞아들였습니다. 그러나 요셉은 아들 낳을 때까지 마리아와 잠자리를 같이 하지 않았습니다.	만약 그 어머니 꿈에 흰 코끼리가 오른 옆구리로 들어오면 그가 낳은 아들이야말로 삼계에서 더없이 높은 어른이 된다네. …(89쪽 28째줄)… 보살이 도솔천에서 생각을 바로 하고 정반왕궁에 하강하여 부인의 오른쪽 옆구리로 태에 들어가자. …(91쪽 39째줄)… 왕비는 남편의 곁에서도 오히려 싫어하여 음욕을 행하지 아니 하였다.

48. 예수 · 석가 모두 어려서부터 총명함과 지혜를…

성경(신약) 서기 70년 저술	불경 서기 전 160년 편찬
누가복음 2장 40절	**한글대장경 제156책 과거현재 인과경** 47쪽 33째줄
아이는 점점 자라가며 강해지고 지혜가 충만했으며, 하나님의 은혜가 그 위에 있었습니다. …(47절)… 예수의 말을 듣는 사람들마다 그가 깨닫고 대답하는 것에 몹시 감탄했습니다.	그때에 백정왕(정반왕)은 이 말을 듣고 마음으로 크게 기뻐하면서 생각하기를 "내 아들이 총명하여 글과 의론이며 산수 등을 사방에서 모두 알거니와 그 활쏘기 재주만은 시방의 인민들이 아직 모르는 이들이 있다." 즉시 태자와 데바달다 등 500 동자들에게 칙명하고 또 다시 북을 쳐서…….

49. 예수 · 석가를 왕으로 호칭하게 된 경위들

성경(신약) 서기 70년 저술	불경 서기 전 544년 편찬
마태복음 2장 1절 헤롯왕 때에 유대의 베들레헴에서 예수께서 태어나시자 동방에서 박사들이 예루살렘에 찾아와 물었습니다. "유대 사람의 왕으로 나신 분이 어디에 계십니까? 우리는 동방에서 예수의 별을 보고 경배 드리려고 왔습니다." **요한복음 18장 37절** 빌라도(로마 총독)가 말했습니다. "그러면 네가 왕이란 말이냐?" 예수께서 대답하셨습니다. "네 말대로 나는 왕이다."	**한글대장경 제4책 중아함경 3권** 380쪽 6째줄 파세나디국왕은 수레에서 내려와… 칼·일산·화만·진주·총체 등 일체 장식품을 다 벗어 장작(비서)에게 주고 부처님 앞에 나아가 그 발에 머리를 조아려 예배하고 "나는 코살라국왕 파세나디입니다." 이렇게 3번 성명을 아뢰었다. "그렇소. 대왕이여, 내게 무슨 도리가 있다고 스스로 마음을 낮추어 예배하고 공양하며 섬기시요." "세존이시여! 나는 부처님에게서 법의 고요함이 있음을 보았나이다. …(385쪽 24줄)… 나는 코살라국왕이지만 부처님께서는 법의 왕이십니다. 내 나이 80이요, 부처님의 나이도 80이시군요……."

해 설

석가모니 부처님 당시에 인도는 16개 국가로 나누어져 있었다. 부처님께서 일년 4계절을 기후 따라 이 나라 저 나라 옮겨 다니시며 수행하시었다. 부처님이 자기 나라에 오시면 왕들은 와서 문안드리고 진리를 묻고 때론 정사를 물었다. 어떤 때는 7개국 왕들이 함께 모여 찾아와 문안드리고 법의 이치를 물었다.

50. 예수의 족보 기록   석가의 족보 기록

성경(신약) 서기 70년 저술	불경 서기 전 160년 편찬
마태복음 1장 1절 아브라함의 자손이며 다윗의 자손인 예수 그리스도의 족보입니다. 아브라함은 이삭을 낳고 이삭은 야곱을 낳고 야곱은 유다와 그 형제들을 낳고 유다는 다말에게서 베레스와 세라를 낳고 베레스는 헤스론을 낳고 헤스론은 람을 낳고 람은 아미나답을 낳고 아미나답은 나손을 낳고 나손은 실몬을 낳고 실몬은 라합에게서 보아스를 낳고 보아스는 룻에게서 오벳을 낳고 오벳은 이세를 낳고 이세는 다윗왕을 낳았습니다. 다윗은 원래 우리야의 아내였던 여인에게서 솔로몬을 낳고 솔로몬은 르호보암을 낳고 르호보암은 아비야를 낳고 아비야는 아사를 낳고 아사는 여호사밧을 낳고…… <u>야곱은 마리아의 남편 요셉을 낳았고 마리아에게서 그리스도라 하는 예수께서 태어나셨습니다.</u>	**한글대장경 제156책 과거현재 인과경(중어마하제경) 153쪽 26째줄** 이와같이 뭇 여러 왕들에게는 아들이 있었으니 이름이 애왕이었고 애왕에게는 아들이 있었으니 이름이 선우왕이요, 선우왕에게는 아들이 있었으니 최상왕이요, 최상왕에게는 아들이 있었으니 이름이 계행왕이요, 계행왕에게는 아들이 있었으니 정생왕이요.(계속) 니로왕 · 오파니로왕 · 실리로왕 · 노즐왕 · 소로즐왕 · 모즐왕 · 모즐린나왕 · 아아왕 · 아의라타왕 …(158쪽 11째줄)… 이렇게 하여 자손들이 서로 계승하면서 100의 왕이 있었습니다. …(167쪽 35째줄)… 그때 성하하노왕은 넷의 아들을 낳았는데 첫째 분의 이름이 정반왕이요 …… <u>정반왕에게 두 아들이 있었는데 첫째 분의 이름이 싯다르타(석가모니 부처님)</u>요, 둘째 분의 이름이 난타였습니다.

해 설

※ 4대 성인 중에서 자기 조상의 족보를 밝힌 성인은 부처님이 유일했었는데 500년 후 예수님도 동참한 셈이다.

51. 하나님과 부처님을 아버지라 부르게 된 경위

성경(신약) 서기 100년 저술	불경 서기 전 160년 편찬
요한복음 6장 38절 　내가 하늘나라에서 온 것은 내 뜻이 아니라 나를 보내신 하나님의 뜻을 이루려는 것이기 때문이다. …(40절)… 내 아버지의 뜻은 아들을 보고 믿는 사람마다 영생을 얻게 하려는 것이니 내가 마지막 날에 그들을 다시 살릴 것이다.	**한글대장경 제156책 과거현재 인과경(대방편 불보은경)** 428쪽 7째줄 　육사는 물었다. 　"부처님이란 바로 누구시요?" 　아난은 대답하였다. 　"일체지를 지니신 분이십니다." 　일체지를 지닌 분은 바로 누구시오? 　"크게 인자함과 가엾이 여김을 지닌 일체 중생의 아버지이십니다. …(36째줄)… 혼자 깨치시어 부처님을 이루셨고 열 가지 힘과 네 가지 두려움 없는 마음과 열여덟 가지 특수한 법과 내지 일체 종지를 갖추셨습니다."

한글대장경 제41책 법화경(비유품)
51쪽 17째줄

　"내가 중생의 아버지가 되었으니 마땅히 이러한 고통에서 건져내어 한량없고 가없는 부처님 지혜의 낙을 주어 그들로 하여금 즐겁게 하리라"고 생각하느니라.

52. 강을 배경으로 행해진 세례식과 태자 책봉식 그리고 하늘에서 들려오는…

성경(신약) 서기 70년 저술	불경 서기 전 160년 편찬
마태복음 3장 16절 예수께서 세례를 받으시고 물 속에서 올라오셨습니다. 그때에 예수께서는 하늘이 열리고 하나님의 영이 비둘기처럼 자신에게 내려오는 것을 보셨습니다. 그리고 하늘에서 소리가 들려왔습니다. "이는 내 사랑하는 아들이다. 내가 그를 매우 기뻐한다."	**한글대장경 제156책 과거현재 인과경** **50쪽 3째줄** 칠보의 그릇에 사해의 물을 담아서 여러 신선들이 저마다 정수리에 물을 이어다가 …(6째줄)… 왕에게 전하여 주었으므로 때에 왕은 곧 태자의 정수리에 물을 붓고 칠보의 도장을 맡기면서 또, 큰 북을 치며 높은 소리로 부르짖기를 "지금 살바싯다르타를 세워서 태자로 삼았노라." 하였는데 그때에 허공에서 하늘·용·야차들이 풍악을 잡히면서 찬탄하기를 "거룩하십니다. 거룩하십니다." 하였다.

해 설

물론 예수의 세례식과 석가 태자 책봉식은 그 성격이 다른 것이지만 공통점은 인간 세상의 경계를 넘어 저 하늘에서까지 감응해 주는 말이 있었고, 축복이 있었고, 찬탄함이 있었다는 것이다.

53. 아기 때부터 왕들의 해침을 피해 다님

성경(신약) 서기 70년 저술	불경 서기 전 544년 편찬
마태복음 2장 13절	**한글대장경 제18책 현우경 파바리품** 309쪽 26째줄

동방 박사들이 떠난 후 주의 천사가 요셉의 꿈에 나타나 말했습니다.
"일어나거라! 어서 아기와 그 어머니를 데리고 이집트로 피신하여라. 헤롯이 아기를 죽이려고 찾고 있으니 내가 말해 줄 때까지 거기에 머물러 있으라."
<u>그래서 요셉이 일어나 아기와 그 어머니를 데리고 한밤중에 이집트로 떠났습니다.</u> 그리고 헤롯이 죽을 때까지 그곳에 살았습니다. 이것은 주께서 예언자를 통해 하신 말씀을 이루신 것입니다.
"내가 이집트에서 내 아들을 불러냈다."
헤롯은 박사들에게 속은 것을 알고 분이 치밀었습니다. 그래서 그는 박사들에게서 알아냈던 시간을 기준으로 베들레헴과 그 부근에 살고 있는 두 살 이하의 사내아이들을 모두 죽이라고 명령했습니다.

그때에 바아라아나시국의 왕은 이름을 브라흐마닷타라 하였다. 그 왕의 재상이 아들을 낳았는데, 서른두 가지 거룩한 모습과 온갖 좋은 모양을 모두 갖추었으며, 몸은 붉은 금빛이요, 얼굴은 빼어났었다. 재상은 아들을 보고 더욱 기뻐하여 곧 관상장이를 불러 그 상을 점치게 하였다.
관상장이는 자세히 살펴보고 찬탄하면서 "기이합니다. 온갖 좋은 상이 모두 원만합니다. 공덕을 두루 갖추었으며 지혜와 변재를 통달하여 사람 가운데서 뛰어날 것입니다." … 310쪽 5째줄… 하고, 이내 <u>이름을 지어 〈미륵〉이라 하였다.</u> …… 그 아이의 뛰어난 이름은 온 나라에 퍼졌다. 왕은 그 말을 듣고 두려움을 품고 생각하였다. "그 어린애의 아름다운 이름과 상은 높이 드러났다. 만일 높은 덕이 있으면 반드시 내 자리를 빼앗을 것이다. 아직 자라기 전에 미리

이로써 예언자 예레미아를 통해 하신 말씀이 이루어졌습니다.

제거해 버려야겠다. 오래두면 반드시 화가 될 것이다." 이렇게 계획하고 곧 재상에게 분부하였다. "들으니 그대에게 아들이 있는데 그 상이 특별하다 하오. 그대는 데리고 오시오. 나도 보고 싶소." … 23째줄 … 그때 재상은 그 아들을 사랑하고 가엾이 여겨 왕의 해를 입을까 두려워하였다. 그래서 가만히 꾀를 내어 사람을 시켜 아이를 코끼리에 태워 외조부(파바리라)에게 보내 …… 길렀다. 아이가 자라나자 공부를 시키매 하루 배운 것이 다른 아이의 1년 배운 것보다 나았으니, 공부한 지 일년이 못되어 모든 경서에 두루 통달하였다.

해 설

그 후 미륵은 석가모니 부처님 교단에서 수행한 후 미륵존자 또는 미륵보살이라는 칭호로 불리었습니다. 그리고 석가모니 부처님에게서 수기(예언)를 받았습니다.

"너는 56억7천만 년 후에 성불하여 이 사바세계에 출현하여 교화하는 부처님이 될 것이다" 라는 기록이 여러 경들에 언급되어 있다.

예수의 애굽 피난은 4복음서 중에 마태복음서에만 언급되어 있고 다른 복음서엔 기록이 없다.

54. 무소유(無所有)

성경(신약) 서기 70년 저술	불경 서기 전 544년 편찬
누가복음 18장 29절	**한글대장경 제8책 별역잡아함경** 84쪽 2째줄
예수께서 그들에게 말씀하셨습니다. "내가 진실로 너희에게 말한다. 하나님 나라를 위해 집이나 아내나 형제나 부모나 자식을 버린 사람은 이 세상에서 여러 배로 받을 것이요, 또한 오는 세상에서 영생을 받을 것이다."	※제석천왕이 하늘나라에서 지상의 승보(僧寶)를 찬탄하는 게송을 읊었다. 세상에서 사랑하는 그것을 그들 마음 속에선 모두 버리었나니 온갖 허물 멀리 떠난 이에게 나는 공경 예배하노라. …(84쪽 17째줄)… 그대 비구들은 집을 떠났고 …(83쪽 36째줄)… 칼과 무기 모두 버렸고 모든 쌓아 모으는 것을 멀리 하여 …(83쪽 31째줄)… 말 없는 성인의 법을 행하네.

해 설

 수행자가 수행하기 위해서는 세상의 욕심을 버리고 일체 마음의 짐을 내려 놓는 무소유가 되어야 한다는 말이다. 석가모니 부처님은 자기가 타고난 부귀함을 완전히 버리시었고 자기에게 주어진 왕의 권력도 권위도 다 버리시었다. 이것이 진정한 무소유의 완전함이다. 이것이 가장 높은 곳에서 낮은 곳으로 임하심이다. 모든 중생들 곁으로 내려와 가장 가난한 몸이 되어 하루 한 끼 밥을 잡수시면서 손수 빌어 잡수시었다. 그것으로 중생들과 교류하심을 삼고 교화하는 인연을 삼아 멀리 법음을 전파하시니 당시 인도의 16개국 왕들도 모두 우러르며 예배하고 공경하였다.

55. 비판하지 말라

성경(신약) 서기 70년 저술	불경 서기 전 544년 편찬
마태복음 7장 1절	**한글대장경 제4책 중아함경 3권** 50쪽 36째줄
비판을 받지 아니 하려거든 비판하지 말라. 너희의 비판하는 그 비판으로 너희가 비판을 받을 것이요, 너희의 헤아리는 그 헤아림으로 너희가 헤아림 받을 것이니라.	그 나라의 풍속과 법을 따르고 옳거니 그르거니 말하지 말라. 이것이 분별무쟁경(分別無諍經)의 일이니라. …(51쪽 11째줄)… 이 두 가지 치우침을 떠나면 중도가 있어 눈이 되고 지혜가 되어 자재로이 정(定)을 이루며 깨달음으로 나아가며, 열반으로 나아간다 함은 이 때문에 말하는 것이니라.

해 설

남을 비판하는 것으로 인하여 자기도 비판받게 되고 남을 헤아리는 것으로 인하여 자기도 헤아림 받게 된다는 것은 불교의 인과응보 원리다. 부처님은 이 두 가지 치우침을 떠난 중도(中道)의 지혜로 선정을 이루고 깨달음을 이룸이 그 해법이라고 말씀하셨다. 이것은 참선수행하는 불교의 정신수련을 말한다. 그러나 기독교는 그런 참선수행 같은 것은 시도하지도 않는다. 오직 자기 마음 밖으로 나가 하나님 나라가 분명있음을 믿으라 한다. 그러다보니 맹신과 광신에 빠지고 많은 사회문제들을 야기시킨다. 비판하지 말라 해놓고 바리새인들을 비판하는 것으로 시작해서 비판하는 것으로 끝내는 것이 성경이다. 사랑하라. 사랑하란 말을 연발하면서도 바리새인들을 향한 증오로 시작해서 증오로 끝내는 것이 성경이다. 이런 것을 자기 모순이라 한다.

56. 제자들을 각처로 파견

성경(신약) 서기 70년 저술	불경 서기 전 544년 편찬
누가복음 10장 1절 그 후 주께서 다른 70명도 세우시고 예수께서 친히 가려고 하신 각 마을과 장소에 둘씩 짝지어 먼저 보내셨습니다. ……이제 가라 내가 너희를 보내는 것이 마치 양들을 이리떼에게로 보내는 것 같구나. 지갑도 가방도 신발도 가져가지 말고 가는 길에 아무에게도 인사하지 말라. 어느 집에라도 들어가면 먼저 '이 집에 평화가 있기를 빕니다' 하고 말하라…….	**한글대장경 제20책 법구경 외(불소행찬 4권)** **477쪽 3째줄** 그 때에 그 60비구들 분부를 받아 법을 널리 펴려고 제각기 그 과거 인연을 좇아 뜻대로 각방으로 흩어졌었네. 부처님은 혼자 걸어 노니시며 가아야산에 이르러 비고 고요한 법숲으로 들어가 그 카아샤파 선인에게 나아가셨다. **한글대장경 제156책 과거현재 인과경** **115쪽 24째줄** 너희들은 할 일을 다 마친지라 세간을 위하여 으뜸가는 복 밭을 지을 만하니, 저마다 지방에 노닐면서 교화하되 자비심으로써 중생을 제도할지어다.

해 설

※ 세상을 교화하기 위해 제자들을 각처로 파견한 내용들이다.

57. 선지자 · 수행자의 핍박

성경(신약) 서기 70년 저술	불경 서기 전 544년 편찬
누가복음 13장 34절 오 예루살렘아! 예루살렘아! 네가 예언자들을 죽이고 네게 보낸 사람들을 돌로 치는구나. 암탉이 제 새끼들을 날개 아래에 품듯이 내가 얼마나 너희 자녀들을 모으려고 했더냐? 그러나 너희가 원하지 않았다! 보라! 이제 너희 집은 황폐한 채로 남을 것이다.	**한글대장경 제3책 중아함경 2권** 220쪽 22째줄 ※마왕 파순을 나무라는 목련존자의 말 중에서 저 범지와 거사들은 정진하는 사문을 꾸짖고 쳐부수며 몽둥이로 치고 혹은 돌을 던지며 때렸다. 혹은 정진하는 사문의 머리를 다치고 혹은 옷을 찢으며 혹은 바루를 부수었다.

해 설

수행하는 제자들이 각처에서 핍박과 수난을 당하고 죽음을 당했다는 기록들이 불경에도 성경에도 기록돼 있다.

58. 소경이 소경을 인도하면

성경(신약) 서기 70년 저술	불경 서기 전 544년 편찬
마태복음 15장 14절 "그들을 내버려두라. 그들은 소경이 되어 소경을 인도하는 자로다. 만일 소경이 소경을 인도하면 둘이 다 구덩이에 빠지리라" 하신 데 베드로가 대답하여 가로되, "이 비유를 우리에게 설명하여 주옵소서." 예수께서 가라사대, "너희도 아직까지 깨달음이 없느냐?"	**한글대장경 제3책 중아함경 2권** 386쪽 15째줄 세존(부처님)께서 말씀하셨다. "마치 여러 장님이 서로 붙들고 가는데 앞에 있는 자는 뒤도 보지 못하고 또한 가운데도 보지 못하며 가운데 있는 자는 앞도 보지 못하고 또한 뒤도 보지 못하며 뒤에 있는 자는 가운데도 보지 못하는 것과 같아 마납아 네가 말하는 모든 바라문교의 범지 무리들도 또한 그와 같다." ※범지(梵志) : 바라문교의 승려.

해 설

 눈 밝은 사람만이 장님들을 올바른 길로 가게 할 수 있는 것인데 당시 인도에는 각종 외도(삿된 종교)가 있었으니 그 교주들이 올바른 진리를 깨닫지 못한 사람들이라 그 제자들을 올바로 가르칠 수 없었음을 비유한 것이다.

59. 지금 양 한 마리 구덩이에 빠졌으면

성경(신약) 서기 70년 저술	불경 서기 전 544년 편찬

마태복음 12장 10절

그곳에는 한쪽 손이 오그라든 사람이 있었습니다. 그들은 예수를 고소할 구실을 찾으려고 물었습니다.

"안식일에 병을 고치는 것이 옳습니까?"

예수께서 말씀하셨습니다.

"만일 너희 중에 누군가 양 한 마리가 있는데 안식일에 그 양이 구덩이에 빠진다면 붙잡아 꺼내 주지 않겠느냐? 하물며 사람이 양보다 얼마나 더 귀하냐? 그러니 안식일에 선한 일을 하는 것이 옳다."

그러고 나서 예수께서는 그 사람에게 말씀하셨습니다.

"네 손을 펴 보아라."

그러자 그 사람이 손을 쭉 폈고 그 손은 다른 손처럼 회복됐습니다.

한글대장경 제20책 법구경 외(법구비유경) 191쪽 19째줄

"어떻게 몸을 낮추어 이 병들어 여위고 더러운 비구의 몸을 씻어주나이까?"

부처님은 그들에게 말씀하셨다.

"여래가 이 세상에 나온 까닭은 이와 같이 돌봐주는 이 없고 곤궁하고 재앙을 만난 사람들을 위해서이다. 병들고 약한 사문·도사나 빈궁하고 고독한 노인에게 공양하면 그 복은 한량이 없어 무엇이나 뜻대로 되느니라."

한글대장경 제9책 증일아함경 1권 93쪽 19줄

병자를 돌보아주는 이는 곧 나(부처님)를 돌보는 것이요, 병자를 간호하는 이는 곧 나를 간호하는 것이다. 왜 그런가하면 나는 지금 몸소 병자를 간호하고 싶기 때문이다. 비구들이여 나는 어떤 사람이나 세상에서 이 보시보다 가장 훌륭한 것을 보지 못했다. 이 보시를 행하여야 비로소 참다운 보시가 되어 큰 공덕을 얻으리라.

60. 착한 일하면 착한 과보 악한 일하면…

성경(신약) 서기 70년 저술	불경 서기 전 544년 편찬
마태복음 12장 34절 독사의 자식들아 너희는 악하니 어떻게 선한 말을 할 수 있느냐. 이는 마음에 가득한 것을 입으로 말함이라. <u>선한 사람은 그 쌓은 선에서 선한 것을 내고 악한 사람은 그 쌓은 악에서 악한 것을 내느니라.</u>	**한글대장경 제8책 별역잡아함경** 88쪽 24째줄 사람이 스스로 지어서 스스로 과보를 받나니 <u>착한 일하면 착한 과보 받으며 악한 일하면 악한 과보 받느니라.</u> 비유컨대 종자를 심음에 있어 종자를 따라 그 과보 얻듯이 그대가 괴로움의 종자를 심으면 이후에는 도리어 저절로 받으리라.

해 설

이렇게 성경과 불경이 같은 뜻을 가진 내용들이 계속된다. 끝부분으로 가면 재미있는 내용들이 나온다.

61. 상석에 앉지 말라

성경(신약) 서기 70년 저술	불경 서기 전 544년 편찬
누가복음 14장 7절	**한글대장경 제3책 중아함경 2권** 32쪽 26째줄
청함을 받은 사람들의 상좌 택함을 보시고 저희에게 비유로 말씀하여 가라사대, 네가 누구에게나 혼인잔치에 청함을 받았을 때 상좌에 앉지 말라. 그렇지 않으면 너보다 더 높은 사람이 청함을 받은 경우에 너와 저를 청한 자가 와서 너더러 이 사람에게 자리를 내어주라 하리니. 그때에 네가 부끄러워 말석으로 가게 되리라……. 무릇 자기를 높이는 자가 낮아지고 자기를 낮추는 자는 높아지리라.	모든 비구들이 이미 안에 들어간 때에 내가 제일 윗자리에 제일 먼저 앉고 제일 먼저 물을 받으며 제일 먼저 밥을 받는다. 그렇게 함으로 말미암아 곧 악한 마음이 생긴다. 만일 그 마음에 악한 욕심이 생기면 그것은 다 착하지 않은 것이리니…….

해 설

당시 제자들이 초대석에서 은근히 윗자리에 앉고 싶어하는 경향이 있었는데 그것을 나무라는 뜻으로 말씀하신 것이다.

62. 보물을 보관하는 진실한 방법

성경(신약) 서기 70년 저술	불경 서기 전 544년 편찬
누가복음 12장 33절 너희 소유를 팔아 구제하여 낡아지지 아니 하는 주머니를 만들라. 곧 하늘에 둔 바 다함이 없는 보물이니 거기는 <u>도적도 가까이 하는 일이 없고, 좀도 먹는 일이 없느니라.</u> 너희 보물 있는 곳에는 너희 마음도 있으리라.	**한글대장경 제8책 별역잡아함경** 159쪽 8째줄 세상에 금이나 보물 따위를 임금과 도적과 물과 불이 침해하며 죽을 때에는 모두 떠나버리고 그 사람을 따르는 것 있지 않다. <u>보시하면 그 사람 따르게 되고 견고하게 감춰둠과 같으며 임금과 도적과 또 물과 불이 능히 침해할 수 없으리.</u> 인색하고 탐내어 보시 아니 하면 그를 항상 잠만 자는 것이라 하며 보시를 닦아 가난한 자 도와주면 그를 깨달은 이라고 말하리.

해 설

당시 부처님은 모든 왕들의 존경과 공경을 받으시며 교화를 펼치시고 계셨다. 그러면서도 금과 보물을 임금과 도적들이 침해한다는 현실을 당당하게 밝히셨다.

63. 동남(童男) 동녀(童女)들을 비유하여

성경(신약) 서기 70년 저술	불경 서기 전 544년 편찬
누가복음 7장 30절	**한글대장경 제8책 별역잡아함경** 374쪽 5째줄

그러나 바리새파 사람들과 율법학자들은 요한에게 세례를 받지 않았고 자기들을 향한 하나님의 계획을 물리쳤습니다.
  그러니 이 세대 사람들을 무엇에 비교할 수 있을까? 무엇과 같을까?
  그들은 시장에 앉아서 서로 부르며 이렇게 말하는 아이들과 같다.
  "우리가 너희를 향해 피리를 불어도 너희는 춤추지 않았고 우리가 애곡을 해도 너희는 울지 않았다."
	부처님은 그에게 말씀하셨다. 우리 불교의 법에서는 동남·동녀가 함께 서로 모여 즐기고 놀면서 뜻대로 춤추고 노래하면 이것은 알맞은 일이라고 말하며, 만일 어떤 사람이 나이가 팔십이 넘어서 머리털이 희며 얼굴이 쭈그러지고 치아가 빠졌는데 노래하고 춤추며 비파와 쟁과 리로 논다든지 제기차기하는 짓을 하면 알맞지 않은 것이라고 말하리라.

64. 길 잃은 양 한 마리라도

성경(신약) 서기 70년 저술	불경 서기 전 544년 편찬
마태복음 18장장 12절	**한글대장경 제10책 중일아함경 2권** 279쪽 9째줄
너희는 어떻게 생각하느냐? 양 100마리를 가진 사람이 있는데 그 가운데 한 마리가 길을 잃었다고 하면 그가 99마리를 산에 두고 가서 길 잃은 그 양을 찾아다니지 않겠느냐? 내가 너희에게 진실로 말한다. 만약 그 양을 찾게 되면 그는 길 잃지 않은 99마리 양보다 오히려 그 한 마리 양 때문에 더욱 기뻐할 것이다. 이와 같이 이 어린아이 중 한 명이라도 잃는 것은 하늘에 계신 너희 아버지의 뜻이 아니다.	어떤 비구는 병을 앓아 위중하여 혼자 누운 채 대소변을 보면서 일어나지 못하고 있었다. 그 비구는 부처님의 이름을 부르면서 "어찌하여 부처님께서는 저만을 가엾이 여기지 않으시나이까" 하였다. 그때 부처님께서는 하늘귀로 그 소리를 듣고 찾아가셨다. 다른 비구들을 데리고 가셨지만 …(280쪽 33째줄)… 손수 비를 들고 쓸고 자리를 깔았다. 또 그의 옷을 빨고 목욕시켰다. 제자들이 말리자, 어찌 이 비구를 버리겠는가 하셨다. 그리고 비구들에게 다음부터 차례를 정해 병자 간호를 하라고 하셨다. …(282쪽 24째줄)… "어린 병자 하나를 돌봐 주는 것이 바로 나(부처님)를 돌보는 것과 다름이 없느니라" 하셨다.

해 설

부처님은 마지막 길 잃은 양 한 마리를 위해 손수 비를 들고 쓸고 목욕시켰다. 그냥 그럴 듯한 이론이 아니라 직접 실천해 보이신 것을 말한다. 다른 곳에서도 모두 직접 실천해 보여주신 것이 자주 나온다.

65. 사람 안에서 나오는 것이 더럽다

성경(신약) 서기 70년 저술	불경 서기 전 544년 편찬
마가복음 7장 15절	**한글대장경 제10책 중일아함경 2권** 511쪽 32째줄
몸 밖에 있는 것이 사람 속으로 들어가 사람을 더럽게 하지 못한다. 오히려 사람 속에서 나오는 것이 사람을 더럽게 하는 것이다. 제자들이 이것은 무엇을 비유하신 것인지 물었습니다. 예수께서 말씀하셨습니다. "너희는 아직도 깨닫지 못하느냐? 그것은 사람의 마음으로 들어가는 것이 아니라 음식이 뱃속으로 들어갔다가 결국 몸 밖으로 나오기 때문이다. 사람 속에서 곧 사람의 마음에서 나오는 것은 악한 생각, 음란, 도둑질, 살인, 간음, 탐욕, 악의, 거짓말, 방탕, 질투비방, 교만, 어리석음이다." 이런 악한 것들은 모두 안에서 나오고 사람을 더럽게 한다.	프라세나짓왕은 세존(부처님)께 여쭈었다. "무슨 이유로 뜻의 행이 가장 중하다 하나이까?" 부처님께서 말씀하셨다. "대개 사람의 소행은 먼저 뜻으로 생각한 뒤에 입으로 나오고 입으로 나온 뒤에 몸으로 살생과 도둑질과 음행을 행하는 것이요. …(후면게송)… 마음은 모든 법의 근본이 된다. 마음은 주인 되어 모든 것을 부린다. 그 마음 속에 악을 생각하여 그대로 실행할 때는 거기서 괴로움의 갚음을 받는 것. 바퀴가 바퀴자국을 밟는 것 같다."

해 설

사람들의 그릇된 마음 안에서 나오는 것들이 얼마나 악하고 더러운 것인가를 말씀하신 것이다.

66. 가난한 가운데 행한 작은 헌금이 가장 큰 공덕

성경(신약) 서기 70년 저술	불경 서기 전 544년 편찬
마가복음 12장 41절	**한글대장경 제18책 현우경 외(잡보장경)** **444쪽 4째줄**
예수께서는 성전 헌금함 맞은편에 앉아 사람들이 헌금함에 돈 넣는 것을 보고 계셨습니다. 많은 부자들이 큰 돈을 넣었습니다. 그런데 가난한 과부 한 사람이 다가오더니 <u>렙돈 동전 두 개 곧 1고드란트를 넣었습니다.</u> 예수께서 제자들을 불러서 말씀하셨습니다. "내가 너희들에게 진실로 말한다. 이 가난한 과부가 어느 누구보다도 더 많은 헌금을 드렸다. 그들은 모두 풍족한 가운데서 드렸지만 이 여인은 가난한 가운데서도 자신이 가지고 있던 모든 것, 곧 자기생활비 전부를 드렸다."	어떤 빈궁한 거지 여자는 이렇게 생각하였다. …(11째줄)… 저 사람들은 전생의 복을 닦아 오늘에 부귀한데 나는 전생에 복을 짓지 못하여 금생에 빈곤한 거지 소녀가 되었다. 만일 지금 복을 짓지 않으면 미래에는 더욱 빈곤해지리라. …(16째줄)… 나는 전에 똥 속에서 돈 두 냥을 주워 아끼면서 보관하였는데 …(19째줄)… "<u>지금 나의 전 재산인 그것을 스님들께 보시하자</u>" 하고 <u>돈 두 냥을 보시했다.</u> 그리고 받은 그 음식들을 가지고 산을 내려가다가 어떤 나무 밑에서 쉬다 잠들었다. 마침 그 나라에서는 상처한 임금님이 있었다. 다음 왕비는 꼭 복덕상이 구족한 여인을 왕비로 삼겠다고 관상장이에게 부탁했다. 그런데 관상장이는 산너머 하늘 구름이 상서로움을 발견했다. 그래서 찾아갔더니 지금 찾고 있는 관상과 꼭 맞는 그 거지 소녀가 있었다. 거지 소녀는 그래서 왕비가 되었다.

67. 우물가에서 여인에게 물을 청한 일

성경(신약) 서기 100년 저술	불경 서기 전 544년 편찬
요한복음 4장 7~10절 　한 사마리아 여인이 물을 길으러 나왔습니다. 예수께서 여인에게 말을 거셨습니다. 　"내게 물 좀 떠 주겠느냐?" 　사마리아 여인이 예수께 말했습니다. 　"당신은 유대 사람이고 저는 사마리아 여자인데 어떻게 제게 물을 달라고 하십니까?" 　당시 유대 사람들은 사마리아 사람과는 상대도 하지 않았기 때문입니다.	**한글대장경 제269책** **좌선삼매경 외(마등가경)** 75쪽 11째줄 　아난존자가 어느날 사위성에 탁발하러 갔다가 돌아오는 길에 갈증이 났다. 아난은 우물가에서 물을 긷고 있는 파카티라는 처녀에게 물을 청하였다. 　그녀는 "저는 마탕가 신분(상종을 기피하는 천민)의 딸이옵니다. 비천한 신분이어서 귀하신 분께 감히 물을 떠 바칠 수 없사옵니다" 하고 대답하였다. 　아난존자는 "여인이여, 나는 붓다의 제자로서 사람들의 빈부 귀천 상하에 아무런 차별을 두지 않습니다" 하고 다시 물을 청하였다.

해 설

　성경이나 불경이나 이 우물가의 사건 후로 많은 교화의 인연들이 전개된다.

68. 하나님 나라는 너희 안에 있다

성경(신약) 서기 70년 저술	불경 서기 전 100년 편찬
누가복음 17장 20절	**한글대장경 제49책 대반열반경** **1권** 125쪽 10째줄
바리새파 사람들이 하나님 나라가 언제 올 것인지 물어보자 예수께서 대답하셨습니다. 하나님 나라는 눈으로 볼 수 있는 모습으로 오지 않는다. 또한 '보라 여기 있다. 보라 저기 있다' 하고 말할 수도 없다. <u>하나님 나라는 너희 안에 있기 때문이다.</u>	온갖 중생이 모두 부처 성품(佛性)이 있건 만은 번뇌가 가리어서 알지도 보지도 못하나니…… 그러나 모든 중생이 불성을 가지고 있기 때문에 선업(善業)을 말려버린 중생이라 할지라도 나쁜 생각을 돌이켜 바른 마음을 가지면 반드시 깨달음을 얻을 수 있다. <u>그러므로 네 마음 안에 부처님이 계시고 부처님 나라 불국토(佛國土)가 있다.</u>

해 설

※ 기독교인들은 하늘나라가 자기 마음 밖의 세계에 어떤 형상적인 존재로 분명하게 있는 것처럼 말한다. 그러면 나는 그들에게 "당신은 하나님 나라에 대하여 무엇을 분명하게 알고 있소"하고 물어 본다. 그러면 대답이 옹색해진 나머지 어린애들 같은 말을 늘어 놓는다. 그런데 여기 오랜만에 불교적인 내면성 깃든 말이 나온다. "하나님 나라는 너희 안에 있기 때문이다."

卍 **부대사 선게송** 卍

밤마다 부처를 안고 자며 아침마다 다함께 일어난다. 진실로 부처님 가신 곳을 알려고 하면 네가 말하거나, 침묵하거나, 움직이거나, 고요히 멈추는 곳마다 계신다.

※ 민심(民心)이 천심(天心)이다. - 유교
※ 인성(人性) 속에 신성(神性) 있고, 신성 속에 인성 있다.

69. 하늘나라는 한 알의 작은 겨자씨를 심은 것과 같다

성경(신약) 서기 70년 저술	불경 서기 전 544년 편찬
마태복음 13장 31절	**한글대장경 제18책 현우경(구잡비유경)** 693쪽 27째줄
예수께서 또 다른 비유를 들어 말씀하셨습니다. 하늘나라는 사람이 자기 밭에 가져다가 심어 놓은 겨자씨와 같다. 겨자씨는 모든 씨앗들 가운데 가장 작은 씨앗이지만 자라면 모든 풀보다 커져 나무가 된다. 그래서 공중에 나는 새들이 와서 그 가지에 깃든다.	"네가 냐그로오다 나무를 볼 때 그 높이가 얼마나 되던가? 높이는 40리요, 해마다 수만 섬의 열매를 따나이다. 그 씨앗은 얼마나 큰가? 겨자씨만합니다. 한 되 쯤 심었던가? 씨 하나를 심었을 뿐입니다." 부처님은 말씀하셨다. "네 말이 어찌 그리 부풀었는가. 한 겨자씨 만한 것이 어떻게 그 높이가 40리가 되며 해마다 수만 개의 열매를 따겠는가." "진실로 그러하나이다." "그렇구나. 한 인과의 갚음이 진실로 그러하거늘 …… 한 바리의 밥을 여래께 보시한 그 복 다 헤아릴 수 없느니라."

70. 하늘나라는 밭에 숨겨진 보물과 같다

성경(신약) 서기 70년 저술	불경 서기 전 200년 편찬
마태복음 13장 44절	**한글대장경 제53책 대애경 외** (해의보살소문 정인 법문경) 383쪽 6째줄
하늘나라는 밭에 숨겨진 보물과 같다. 어떤 사람이 그것을 발견하고는 감추어 두고 기뻐하며 돌아가 모든 재산을 팔아서 그 밭을 산다.	세존이시여 마치 어떤 사람이 저 성중 부근의 촌락에 가서 밭의 땅굴 속에 무진장한 보물이 가득차 있는 것을 보고 그 사람이 이익을 차지할

생각으로서 보는 즉시 성중에 달려가 여러 사람들에게 말하기를 「그대들은 빨리 오라. 그대들이 보물을 구하려거든 내가 보물있는 장소를 알고 있으므로 그대들에게 보물이 무진장한 땅굴을 보여주리라」하니 …… 어떤 사람은 아예 믿지 않고 가지 않는가 하면 어떤 사람은 그 말대로 믿고 가서 보물을 캐내어 제나름의 지량(智量)대로 얻어가지고 돌아가리라 … 22째줄 … 세존이시여 부처님께서 말씀하신 큰 보배의 팔만사천법장(法藏=온갖 법의 진리가 감추어져 있는 법보)도 그와 같아서 백천 겁에 걸쳐 더없이 광대한 보배의 법장을 쌓았으며, 이미 쌓고 모았음으로 보리의 도량에 나아가 정각(正覺)의 과위를 성취하시고 그 뒤엔 바라나시의 녹야원에서부터 큰 법륜(法輪)을 굴리셨습니다.

해 설

기독교인들이 갖는 구경의 목표가 무엇인지 나는 잘 모르지만 불교인들이 갖는 구경의 목표는 팔만사천법장을 밑거름으로 수행정진하여 자기 자성(진리)을 깨달아 부처님과 같은 완성된 삶을 실천하는 것이다. 밭에 감추어져 있는 보물이란 불교적으로 말하면 법의 보물이요, 진리의 보물을 비유한 것이다. 기독교적인 논리로는 그것을 하늘나라에 비유하여 결부시킨 듯하다.

71. 또, 하늘나라는 좋은 진주를 찾아다니는 상인과 같다

성경(신약) 서기 70년 저술	불경 서기 전 544년 편찬
마태복음 13장 46절 또, 하늘나라는 좋은 진주를 찾아다니는 상인과 같다. 그는 값진 진주를 발견하고 돌아가 모든 재산을 팔아서 그것을 산다.	**한글대장경 제18책 현우경**(대시서해품) 213쪽 35째줄 나는 지금 몸소 바다에 들어가 보배를 캐려 한다. 누구나 가고 싶으면 함께 가자. 나는 상주(商主)가 되어 필요한 행구(行具)를 준비하리라.

그때 500 사람이 모두 그 영(슈)에 응하였다. …214쪽 44째줄… 바다 가운데는 위험이 많다.… 백 사람이 바다에 들어가면 겨우 한 사람이 무사히 돌아올 지경이다. …215쪽 6째줄… 만일 굳건한 마음으로 목숨을 돌아보지 않고 부모·형제·처자를 버리고 가야 한다. 그러나 일곱 가지 보배를 얻어 가지고 무사히 돌아오면 그 자손 7대까지 먹고 써도 다하지 않을 것이다. …14째줄… 바람에 돛을 올리자 배는 빠르기가 화살 같았다.〈천신만고 끝에〉보배 있는 곳을 찾아내었다.… 모두 부지런히 캐내어 배에 실었다. 이에 보배는 배에 가득하여 귀로에 올랐다.… 하지만 대시는 귀로에 오르지 않고 …30째줄… 나는 앞으로 더 나아가 용궁으로 가서 여의주(如意珠)를 구하려 한다. 또 목숨이 끝나더라도 얻지 못하면 돌아오지 않으리라. 그 결과 대시는 여의주까지 얻어 돌아오게 되었다.

해 설

※ 옛날 인도에 부귀하기가 왕보다 더한 바라문이 있었다. 그러나 늦도록 자식이 없어 애태우다가 기도하여 아들을 얻었다. 아들은 총명하여 세속 경전 18부를 외우고 문장에도 능통했다. 그런데 어려서부터 가난하고 배고픈 이웃을 보면 항상 마음 아파하였다. 어느날 차곡차곡 쌓아둔 아버지의 보물 창고를 열어 백성들에게 나누어 분배하였다. 아버지는 이런 아들이 대견스럽고 자랑스러워 그저 싱글벙글할 뿐이었다. 이윽고 보물창고가 다 비게 되자 사람들을 모집하여 바다 상인으로 나섰다는 이야기가 앞에 나온 이야기다. 이것은 마치 석가모니 부처님이 인간 세상을 제도(구원)하기 위해 자기 왕위나 나라까지 버리고 고행정진하는 것과 같은 정신세계를 그려낸 것이다. 그래서 이 이야기는 석가모니 부처님의 전생담이라고 한다.

72. 하늘나라는 밭에 좋은 종자를 뿌린 것에 비유할 수 있다

성경(신약) 서기 70년 저술	불경 서기 전 544년 편찬
마태복음 13장 24절 하늘나라는 어떤 사람이 자기 밭에 좋은 씨를 뿌린 것에 비유할 수 있다. … 37절 … 좋은 씨를 뿌린 사람은 인자다. 밭은 세상이고 좋은 씨는 하늘나라의 자녀들을 뜻한다. 가라지는 악한 자의 아들이고 가라지를 뿌린 원수는 마귀다. 추수 때는 세상의 끝이며 추수하는 일꾼은 천사들이다. 가라지가 뽑혀 불태워지듯이 세상의 끝에도 그렇게 될 것이다.	**한글대장경 제20책 법구경(법구비유경)** 202쪽 21째줄 악을 행하면 악의 갚음을 받는 것. 마치 쓴 종자를 밭에 심은 것 같나니, 스스로 악을 행해 그 죄를 받고, 스스로 선을 행해 그 복을 받는다. 죄도 복도 다 제가 지은 것. 누가 그것을 대신 받겠는가. 선을 행하여 선의 갚음을 받는 것. 마치 좋은 종자씨를 밭에 심은 것 같다.

73. 하나님이 온전하듯이, 저 하늘 허공이 무엇이나 받아들이듯이

성경(신약) 서기 70년 저술	불경 서기 전 544년 편찬

마태복음 5장 45절

하나님께서는 악한 사람이나 선한 사람이나 똑같이 햇빛을 비추어 주시고 의로운 사람이나 불의한 사람이나 똑같이 비를 내려 주신다. 너희를 사랑해 주는 사람만 사랑한다면 무슨 상이 있겠느냐? 세리라도 그 정도는 하지 않느냐? 형제에게만 인사한다면 남보다 나을 것이 무엇이 있겠느냐? 이방 사람도 그 정도는 하지 않느냐? 그러므로 하늘에 계신 너희 아버지가 온전한 것같이 너희도 온전해야 한다.

한글대장경 제45책 화엄경(80권본)
1권 255쪽 29째줄

비유하여 말하면 해가 뜰 적에 온 세상을 환하고 밝게 비추나니 부처님 복밭(福田)도 그와 같아서 여러 모든 사람의 어둠을 제거하여 주느니라. …(254쪽 12째줄)… 또 마치 큰 구름의 우레소리에 온갖 곳 두루두루 비가 내리지만 빗방울은 사람 차별함이 없는 것이니 부처님의 모든 법도 그러하니라.

한글대장경 제18책 현우경
166쪽 9째줄

그때에 부처님은 거지 아이들에게 말씀하셨습니다. "우리 법은 청정하여 귀천이 없느니라. 그것은 마치 깨끗한 물이 온갖 더러운 것을 씻되 귀하거나 천하거나 곱거나 밉거나 남자거나 여자거나 물에 씻으면 깨끗해지지 않는 것이 없느니라. 또 불이 가는 곳엔 산이나 들이나 석벽이나

성경(신약) 서기 70년 저술	불경 서기 전 544년 편찬
	천지에 일체는 타지 않는 것이 없느니라. <u>또 우리 법은 마치 저 하늘 허공과 같아서 남녀노소 빈부귀천이 마음대로 그 안에 들어올 수 있느니라</u>……."

해 설

바로 앞에 나오는 68번, 69번, 70번, 71번, 72번, 74번의 6개의 내용들을 자세히 살펴보자. 석가모니가 인간 세상의 진리를 표현하기 위해 사용한 비유법들을 예수는 그대로 가져다가 모두 하늘나라를 표현하는 비유들로 사용했다. 예수는 자기만의 독창성 있는 비유법으로 표현했으면 좋았으련만 여전히 석가모니가 말한 비유법들을 자기 말인 양 가져다가 사용했으니 이것이 예수의 지혜 능력의 한계점인 듯하다.

74. 받아 먹어라. 이 빵은 내 몸이다, 이 잔은 내 피다

성경(신약) 서기 70년 저술	불경 서기 전 100년 편찬
마태복음 26장 26절 〈최후 만찬장〉에서	**불교성전(대반열반경14)** 1972년 발행인 김성구/ 2000년 개정판 발행 220쪽 19째줄

그들이 식사를 하고 있을 때에 예수께서 빵을 들어 감사 기도를 드리신 후 빵을 떼어 제자들에게 주면서 말씀하셨습니다. "받아서 먹어라. 이것은 내 몸이다." 그리고 또 잔을 들어 감사 기도를 드리신 후 제자들에게 주시면서 말씀하셨습니다.
"너희는 모두 이것을 마시라. 이것은 죄사함을 위해 많은 사람들을 위해 흘리는 나의 피 곧, 언약의 피다."

지혜는 높으나 아직 깨달음에 이르지 못한 수행자가 있었다. 어느날 하늘나라 제석천왕이 그를 시험하기 위해 얼굴이 험상궂은 나찰로 변해 그 앞에 나타났다. 그리고 시(詩)를 읊었다. "이 세상 모든 일 다 덧없는 것이니 그것은 곧 나고 죽고 하는 법이라네(諸行無常 是生滅法)" 수행자는 이 시 귀절을 듣고 마음속으로 무한한 기쁨을 느꼈다. "나찰이여, 그 시의 다음 구절, 즉 완성 구절을 나에게 들려 줄 수 없겠소"하며 간청했다. 그랬더니 나찰은 말했다. "나는 지금 배가 고파 죽을 지경이오" 했다. 수행자는 물었다. "당신은 대체 어떤 음식을 먹습니까?"
"놀라지 마시오. 내가 먹는 음식은 사람의 살덩어리이고 마시는 것은 사람의 따스한 피요." 수행자는 말했다. "그렇다면 나머지 구절을 읊어 주시오. 듣고서 내 몸을 당신께 드리겠습니다" 했다. 나찰은 "그러나 어떻게 당신 말을 믿겠소" 했다. 나는

성경(신약) 서기 70년 저술	불경 서기 전 544년 편찬
	이 무상한 몸을 버려 영원한 몸과 바꾸려 합니다. 시방삼세 모든 부처님들도 증명해 주실 것입니다. "그럼 말하여 주겠소. 잘 들으시오." "<u>나고 죽고 하는 세상의 덧없는 일 다 없애 버린 뒤 열반 그것은 즐거움이어라.</u>(生滅滅巳 寂滅爲樂)" 수행자는 듣고 한없이 기뻐하며 몸을 바치기 위해 높은 나무 위에서 몸을 던졌다. 그러자 즉시 나찰은 다시 제석천왕으로 변해 수행자의 몸을 안전하게 받아내렸다.

해 설

※ 예수는 세상의 구원을 위해 자기 몸과 피를 바쳤고 여기 수행자는 진리를 깨닫기 위해 자기 몸과 피를 바쳤다.

예수는 최후의 만찬석상에서 제자들에게 마지막으로 내린 훈시이고, 불경에서는 히말라야 산속에서 수행하는 어느 수행승을 깨닫게 하기 위해 하늘나라 제석천왕이 신통을 부려 험상궂은 나찰로 변해 내려와 그 수행승을 깨닫게 한 인연 이야기다.

75. 사람을 구제할 때는 은밀하게 하라

성경(신약) 서기 70년 저술	불경 서기 전 100년 편찬
마태복음 6장 3절	**한글대장경 제243책 복개정행소집경 외**(금강경 묘행무주분) 114쪽 11째줄
너희는 가난한 사람들을 구제할 때 오른손이 하는 일을 왼손이 모르게 하여라. 그래서 네 착한 행실을 아무도 모르게 하여라.	또 수보리야 보살은 법에 대하여 머무는 바 없이 보시를 해야 하나니 이른바 생색을 내는 바 없이 보시하고 소리없이 보시하며 드러나지 않게 보시해야 되느니라.

해 설

※ 오른손이 하는 일을 왼손이 모르게 하라. 이것도 시적(詩的)으로 멋있게 표현했다.

76. 수행자는 무엇을 먹을까 무엇을 입을까 걱정하지 마라

성경(신약) 서기 70년 저술	불경 서기 전 310년 편찬
누가복음 12장 22절	**팔리어경 소부 숫타니파타** 970~971
예수께서 제자들에게 말씀하셨습니다. "그러므로 내가 너희에게 말한다. 네 목숨을 위해 <u>무엇을 먹을까?</u> 마실까? 네 몸을 위해 무엇을 입을까? 걱정하지 말라. 목숨이 음식보다 중요하고 몸이 옷보다 중한 것이다."	다음에 말하는 네 가지 걱정을 하지 마라. 즉 〈나는 무엇을 먹을까?〉〈나는 어디서 먹을까?〉〈잠자리가 불편하지 않을까?〉〈나는 오늘 어디서 잘까?〉 집을 버리고 도를 숭상하는 자는 이 네 가지 걱정을 억제하라. 다닐 때 검허한 자세로 걸으라.

77. 내 아버지는 농부이시다

성경(신약) 서기 100년 저술	불경 서기 전 310년 편찬
요한복음 15장 1~4절	**한글대장경 제8책 별역잡아함경** 442쪽 24째줄
나는 참 포도나무요, <u>내 아버지는 농부이시다</u>. 내게 붙어 있으면서도 열매를 맺지 못하는 가지는 아버지께서 다 자르실 것이요, 열매 맺는 가지는 더 많은 열매 맺도록 깨끗하게 손질하신다. … 내 안에 머물러 있으라. 그러면 나도 너희 안에 머물러 있을 것이다. 가지가 포도나무에 붙어 있지 않으면 <u>스스로 열매를 맺지 못하는 것처럼</u> 너희도 내 안에 있지 않으면 열매를 맺을 수 없다.	『세존(부처님)이시여, 저는 농사짓는 사람으로서 밭을 갈고 심어서 먹으며 남에게 구걸하지 않습니다. 당신도 또한 갈고 심어서 생활합니까』 부처님은 말씀하셨다. 『<u>나도 또한 갈고 심어서 먹느니라.</u>』 나는 믿음으로 종자를 삼고, 모든 착함으로 좋은 밭을 삼으며, 정진함으로 길들인 소를 삼고 지혜로 멍에씨움을 만들며 남 부끄러움과 제 부끄러움으로 보습 삼고… 계율 지니는 것으로 굴레를 삼아서 더러운 번뇌를 갈아버리나니 단 비가 때를 맞추어 내린다… 나의 밭가는 것은 그와 같아 단 이슬의 과보 얻는다. 바라문 농부는 말하였다. 　당신께서 밭가는 것이야말로 완전한 밭갈이하시는 것입니다. 이 공양을 드십시오.

78. 언제나 깨어 있으라

성경(신약) 서기 70년 저술	불경 서기 전 544년 편찬
마가복음 13장 33절	**한글대장경 제10책 증일아함경 2권** 415쪽 41째줄
정신을 바짝 차리라. 항상 깨어 있으라. 그때가 언제 올지 알지 못하기 때문이다. 깨어 있으라. 그것은 여행을 떠나는 사람에 비유할 수 있다. 사람이 집을 떠나면서 자기 종들에게 권한을 주고 각 사람에게 할 일을 맡기고 자기 문지기에게 집을 잘 지키라고 명령하는 것과 같다. 그러므로 너희는 항상 깨어 있으라. 집주인이 언제 올지 곧 저녁이 될지 한밤이 될지 새벽이 될지 아침이 될지 모르기 때문이다. 그가 갑자기 돌아와 너희가 자고 있는 모습을 보게 되는 일이 없도록 하여라. 내가 너희에게 하는 이 말은 모든 사람에게 하는 말이니 깨어 있으라.	어떤 것이 비구로서 항상 깨어 있을 줄 아는 것인가? 이른바 비구로서 초저녁과 새벽에 항상 깨어 있어 서른일곱 가지 법을 생각하고 낮에는 거닐면서 나쁜 생각과 온갖 맺음을 없애며… 밤중에는 오른쪽으로 누워 다리를 포개고 다만 광명을 향하는 생각을 가지며, 또 새벽에는 드나들고 거닐면서 좋지 못한 생각을 버리는 것이니, 이와같이 비구는 때를 알아 깨어있느니라. 아아난다야 이것이 수행사문의 요긴한 행이니라.

해 설

※불교에서는 수행자가 앉으나 서나, 갈 때나 올 때나 오직 마음을 참선하는 화두 하나에 매어두고 정진하여 문득 한 순간에 깨달으면 비로소 잠깬 사람이라 하고 그냥 세상의 오욕락과 번뇌에 사로잡혀 지내면 그를 흐리멍령하게 잠자는 사람이라 한다.

79. 신앙은 인간에게 가장 큰 재산이다

성경(신약) 서기 70년 저술	불경 서기 전 310년 편찬
누가복음 7장 50절 예수께서 여인에게 말씀하셨습니다. "네 믿음이 너를 구원했다. 평안히 가거라." **마태복음 15장 28절** "여인아, 네 믿음이 크다. 네 소원대로 될 것이다"라고 대답하셨습니다. 그리고 바로 그때 그 여인의 딸의 병이 나았습니다.	**팔리어경장 숫타니파타** 181~182 문 : 이 세상에서 인간에게 가장 큰 재산은 무엇입니까? 답 : 이 세상에서 신앙은 인간에게 가장 큰 재산이다. **한글대장경 제45책 화엄경(80권본)** 1권 282쪽 32째줄 신심(信心)은 도의 근본이요, 공덕의 어머니 일체 선한 법을 길러내며 의심의 그물을 끊고 애욕을 벗어나 열반의 위 없는 도를 열어보이네.

해 설

성경에도 불경에도 인간의 신앙심의 중요성을 밝히는 내용이다. 신앙만이 일체 선한 법을 길러낸다는 것을 가르치는 내용이다.

80. 자기 생명을 미워 하는 자로서의 예수 / 세상의 영광을 싫어 하는 자로서의 석가

성경(신약) 서기 100년 저술	불경 서기 전 544년 편찬
요한복음 12장 43절 그들은 하나님의 영광보다 사람의 영광을 사랑했던 것입니다 …(12장 25절)… 이 세상에서 자기 생명을 사랑하는 사람은 잃을 것이요, 이 세상에서 자기 생명을 미워한 자는 그 생명을 보존할 것이다. **마태복음 16장 24절** 예수께서 제자들에게 말씀하셨습니다. "누구든지 나를 따르려거든 자기를 부인하고 자기 십자가를 지고 따라야 한다."	**한글대장경 제20책 법구경(불소행찬)** 364쪽 7째줄 왕은 다시 가지가지의 묘하고 훌륭한 5욕거리 더하여 낮이나 밤이나 오락으로써 태자의 마음을 즐겁게 하려 했네. 그럴수록 태자는 더욱 싫어해 끝끝내 사랑하고 즐길 뜻 없어 다만 나고 죽는 괴로움 생각하기 마치 화살 맞은 사자 같았네 …(420쪽 20째줄)… 세상에서 뛰어난 거룩한 왕자로서 밥을 빌어 먹으면서 세상의 영화를 버리었네.

해 설

인간은 웃으면서 업을 지었다가 울면서 그 과보를 받는다(잡아함우치인경). 사람이 항상 세상의 덧없는 유희를 즐기고 또 즐기고 싶어하기 때문이다. 그러나 그 유희성의 희롱이란 진리를 깨달은 사람이 보면 덧없고 실체가 없는 그림자를 잡으려고 술래잡기하는 것과 같다. 본래 움직인 바 없는 자기 자성을 본 사람만이 사물에 미혹되지 않고 마음을 자유자재로 하며 비로소 대 자유인이 되는 것이다.

81. 믿으라 구하라 반드시 얻을 것이다

성경(신약) 서기 100년 저술	불경 서기 전 544년 편찬
요한복음 14장 15절 너희가 나를 사랑한다면 내 계명을 지킬 것이다. …(13절)… 너희가 무엇이던지 내 이름으로 구하면 내가 다 이루어주겠다. 이는 아들을 통해 아버지께서 영광을 받으시게 하려는 것이다. …(14절)… <u>너희는 내 이름으로 무엇이던지 구하라. 그러면 내가 다 이루어주겠다.</u> **마가복음 11장 24절** 그러므로 내가 너희에게 말한다. 무엇이던지 너희가 기도하고 간구하는 것은 이미 받은 줄로 믿으라. 그러면 너희에게 그대로 이루어질 것이다.	**한글대장경 제7책 잡아함경 3권** 91쪽 23째줄 <u>깨끗한 계율을 행한 사람은 그 마음에 원하는 것이면 저절로 얻어지기 때문이다.</u> …… 왜냐하면 바른 행과 법다운 행을 행함으로써 계율을 가지고 청정한 마음으로 애욕을 떠나면 <u>원하는 것 반드시 얻어지기 때문이다.</u> **한글대장경 제9책 증일아함경 1권** 208쪽 34째줄 비구들이여, 만일 믿음이 있는 사람을 위해 믿는 법을 말하면 그는 곧 기뻐할 것이다. 마치 병든 사람을 위해 치료하는 약을 말하면 그는 곧 병을 고치는 것처럼 기뻐하면서 마음 변치 않을 것이다.

82. 용서함으로써만이

성경(신약) 서기 70년 저술	불경 서기 전 544년 편찬
마태복음 6장 14절	**한글대장경 제9책 증일아함경 1권** 310쪽 38째줄
너희가 너희에게 죄 지은 사람을 용서하면 하늘에 계신 너희 아버지께서도 너희를 용서할 것이다. 그러나 너희가 남의 죄를 용서치 않으면 너희 아버지께서도 너희 죄를 용서하지 않으실 것이다.	감히 다시는 그런 말을 하지 말아라. 왜냐하면 장생태자는 자기 아버지를 죽인 원수인 나를 용서하고 내 목숨을 살려 주었고, 나 또한 이 사람의 목숨을 살려 주어야 할 것이기 때문이다. …(311쪽 25째줄)… 이것이 원한을 원한으로 갚으면 마침내 원한은 끊이지 않는다는 것이다. 원한을 쉬게 하려면 오직 남에게 보 갚음을 하지 않는 것 뿐이다.

해 설

※ 장생태자는 어릴 때 자기 아버지이신 부왕이 이웃나라 왕에게 처형 당하는 것을 똑똑히 목격했었다. "아가야, 내가 이렇게 죽는 것은 무수한 백성들의 목숨을 전쟁으로 희생시키는 것이 싫어서 대신 죽는 것이란다. 너도 후일 복수할 생각 말고 숨어서 살아라" 하셨다. 그 후 장생태자는 거지가 되어 떠돌다가 이웃나라 왕궁에 신분을 감추고 들어가 왕에게 잘 보여 왕을 호위하는 큰 벼슬을 하게 되었다. 복수할 기회를 엿보던 어느날 왕의 머리채 쥐고 칼을 들이대며 말했다. "지난날 우리 아버지는 무수한 백성들의 목숨을 희생시키는 것이 싫어서 대신 죽는다고 말씀하셨다. 이제 아버지의 숨은 덕을 너에게 알려주었으니 나는 할 말을 다했다. 너는 지금 나도 죽이고 싶으면 그렇게 하라" 하며 칼을 내려놓았다. 왕은 그렇게 높으신 뜻이 있었음을 몰랐다며 눈물을 흘리며 참회하였다. 그리고 빼앗았던 나라를 돌려주고 자기 딸을 왕비로 주었다. 이렇게 용서하는 마음 하나로 해결되는 인간사 이야기가 불경에 나와 있다.

83. 보시(布施) 공덕이란?

성경(신약) 서기 70년 저술	불경 서기 전 544년 편찬
마태복음 7장 12절 그러므로 모든 일에 네가 대접 받고 싶은 대로 남을 대접하라. 이것이 바로 율법과 예언서에서 말하는 것이다. **마태복음 10장 42절** 내가 진실로 너희에게 말한다. 누구든지 내 제자라는 이유로 이 작은 사람중에 하나에게 냉수 한 그릇이라도 주는 사람은 반드시 그 상을 놓치지 않을 것이다. **누가복음 8장 2절** 악한 영과 질병으로부터 고침 받은 여자들도 예수와 함께 했습니다. 이들은 일곱 귀신 떠나간 막달라 마리아였고 헤롯 청지기인 구사의 아내요, 또 수잔나와 그밖의 많은 여인들이었습니다. 이들은 자신의 재산으로 예수 일행을 섬겼습니다.	**한글대장경 제9책 증일아함경 1권** 72쪽 7째줄 베풀어주는 일은 큰 재물 되고 원하는 일도 성취되나니 나라의 왕이나 그리고 도둑이라도 그가 가진 것 뺏지 못한다. …… 보시함으로써 하늘 몸 얻는다. **한글대장경 제7책 잡아함경 3권** 45쪽 13째줄 깨끗한 믿음으로 보시 행하면 이 세상이나 저 세상이나 어디고 그가 가는 곳에는 그림자처럼 복된 갚음 따르리. **한글대장경 제10책 증일아함경 2권** 506쪽 38째줄 보시는 중생 위한 복의 도구로 가장 제일 되는 진리에 이르나니 누군가 능히 보시를 생각하거든 곧 기쁘고 즐거운 마음을 내라. **한글대장경 제9책 증일아함경 1권** 495쪽 31째줄 때를 따라 보시하기 잊지 않으면 소리에 메아리인 듯 그 복 받느니라. …… 보시는 온갖 행의 근본이 되어 위 없는 높은 자리에 가게 되나니 …….

84. 종자를 심은 대로 거둔다

성경(신약) 서기 70년 저술	불경 서기 전 100년 편찬
마태복음 7장 16절	**한글대장경 제99책 대보적경 4권** 556쪽 20째줄
그 열매를 보면 너희가 그들을 알아볼 수 있을 것이다. 가시나무에서 포도를 따고 엉겅퀴에서 무화과를 얻겠느냐. 이처럼 <u>좋은 나무는 좋은 열매를 맺고 나쁜 나무는 나쁜 열매를 맺는다.</u> 좋은 나무가 나쁜 열매를 맺을 수 없고, 나쁜 나무가 좋은 열매를 맺을 수 없다.	선과 악은 마치 씨를 심는 것과 같아서 모두가 업을 따라 나게 되는 것이니 어찌 쓴 종자의 인(因)을 심고서 단 열매 익기를 바라랴.
	한글대장경 제6책 잡아함경 2권 319쪽 31째줄
	비유하면 감자나 벼·포도 종자를 땅에 심고 때 맞춰 물을 주면 그것은 땅맛·물맛·불맛·바람맛을 받더라도 <u>그 맛은 모두 달다. 왜냐하면 종자가 달기 때문이다.</u> 이와같이 바른 소견을 가진 사람은 몸의 업이나 입의 업이 그 소견과 같아서 …… 생각하고 바라며 혹은 원하고 행하는 것이 다 그것을 따르면 그는 모두 사랑할 만하고 생각할 만하여 마음에 드는 결과를 얻는다.

85. 네 이웃을 네 몸과 같이 사랑하라

성경(신약) 서기 70년 저술	불경 서기 전 544년 편찬
누가복음 10장 26절 예수께서 말씀하셨습니다. "율법에 무엇이라 기록돼 있느냐? 너는 그것을 어떻게 읽고 있느냐?" 율법학자가 대답했습니다. "네 마음을 다하고 네 목숨을 다하고 네 힘을 다하고 네 뜻을 다해 주 네 하나님을 사랑하라 했고, 또 네 이웃을 네 몸같이 사랑하라 했습니다."	**한글대장경 제6책 잡아함경 2권** 426쪽 첫째줄 <u>마음이 사랑과 하나가 되기 때문에 원한도 없고, 미움이나 성냄도 없고, 넓고 크고 한량없이 잘 닦아 익히어 모든 곳에 가득 찼고, 선정을 완전히 갖추어 머무르게 되느니라.</u> **한글대장경 제10책 증일아함경 2권** 304쪽 18째줄 …… 또 사랑하는 마음을 쓰면 얼굴이 단정하고 모든 감관이 이즈러지지 않아 형체가 완전히 갖추어질 것이다.

해 설

위에 부처님이 말씀하신 "선정(禪定)을 완전히 갖추어 머무르게 되느니라"라는 말을 깊이 새겨 보자. 그 경지만이 인간으로서 완전한 깨달음에 이를 수 있는 것이며, 그 깨달음을 이룬 사람만이 모든 중생은 한 몸이라는 것을 분명히 알고 수긍할 수 있고 행할 수 있다. 그냥 믿음만으로는 이웃이 나와 한몸이라는 것을 알거나 긍정하기 어려운 것이다.

86. 발에 향유를 발라드린 여자들

성경(신약) 서기 70년 저술	불경 서기 전 544년 편찬
누가복음 7장 36절 　한 바리새파 사람이 예수를 저녁식사에 초대했습니다. 그래서 예수께서는 그 바리새파 사람의 집으로 들어가 식탁에 앉으셨습니다. 그 마을에 죄인인 한 여자가 있었는데 예수께서 그 바리새파 사람의 집에 계시다는 것을 알고는 향유가 든 옥합을 가지고 와 예수의 뒤로 그 발곁에 서서 울며 눈물로 그 분의 발을 적셨습니다. 그리고 자신의 머리카락으로 발을 닦고 <u>그 발에 자신의 입을 맞추며 향유를 부었습니다.</u>	**한글대장경 제18책 현우경 외(잡보장경)** 475쪽 8째줄 　옛날 슈라아바스트이성 안의 어떤 여자가 땅에 앉아 향료를 갈다가 성 안으로 들어가시는 부처님을 만났다. 그녀는 부처님을 보자 기쁜 마음이 생겨 <u>갈던 향을 부처님 발에 발라드렸다.</u> 그 뒤 그녀는 목숨을 마치고 하늘나라에 나게 되었는데 몸의 향기는 사천 리까지 풍기었다. 그녀가 설법당으로 들어가자 제석천은 게송으로 물었다. "너는 옛날에 어떤 업을 지었기에 그 몸에서 미묘한 향기가 나는가. 이 하늘 위에 살면서 광명과 빛깔은 녹인 금과 같구나."

해 설

※ 예수님에게나 부처님에게나 발에 향료를 발라드린 여자들이 있었다는 이야기가 나온다. 이와 같이 성경과 불경은 같은 소재와 같은 내용을 다룬 스토리들이 많이 등장한다.

87. 나와 함께 하지 않는 사람은

성경(신약) 서기 70년 저술	불경 서기 전 544년 편찬
누가복음 11장 23절 나와 함께 하지 않는 사람은 나를 반대하는 사람이고, 나와 함께 모으지 않는 사람은 흩어버리는 사람이다. **누가복음 9장 50절** 예수께서 말씀하셨습니다. "그를 막지 말라. 누구든지 너희를 반대하지 않는 사람은 너희를 위하는 사람이다."	**한글대장경 제92책 본생경 2권** 108쪽 12째줄 문 : 스승님 내 편과 적을 어떻게 분별할 수 있습니까? 답 : 그 사람은 보고도 미소하지 않고 또 그를 환영하지도 않으며 그에게 눈길을 주지 않으며 무슨 일에나 반대하고 나선다. 이런 것들은 원적(怨敵)의 징후이다.

88. 거짓 수행자와 기도자를 꾸짖는 말

성경(신약) 서기 70년 저술	불경 서기 전 100년 편찬

마태복음 6장 5절

너희는 기도할 때 위선자들처럼 하지 말라. 그들은 사람들에게 보이려고 회당이나 길모퉁이에서 기도하기를 좋아한다. 내가 진실로 너희에게 말한다. 그들은 이미 자기 상을 다 받았다.

6절, 너는 기도할 때 방에 들어가 문을 닫고 은밀하게 계시는 너희 아버지께 기도하여라. 그러면 은밀하게 계셔서 보시는 네 아버지께서 네게 갚아주실 것이다.

마가복음 12장 38절

율법학자들을 조심하여라 이들은 긴 옷을 입고 다니기를 좋아하고 시장에서 인사받기 좋아한다. 또 회당에서 높은 자리와 잔치에서 윗자리 앉기를 좋아한다. 그들은 과부의 집을 삼키고 남에게 보이려고 길게 기도한다. 이런 사람들이 더 큰 심판을 받게 될 것이다.

불교성전(보적경4권 가섭품)
1972년 발행인 김성구/ 2000년 개정판 발행
381쪽 2째줄

어떤 사문은 자기가 계율 지키고 있는 것을 어떻게 남에게 알릴까 생각하며 계율을 지킨다.

어떻게 하면 남들이 자기를 뛰어난 학자라고 알아줄까 생각하며 교법을 듣고 배운다.

어떻게하면 남들이 자기를 산중의 도인이라고 알아줄까 생각하며 산중에서 수행한다.

이것은 남에게 보이기 위해서이지 세상을 이롭게 하기 위해서도 아니고, 욕정을 떠나기 위해서도 아니며… 깨달음을 위해서도 아니며 진실한 사문이 되기 위해서도 아니며, 열반의 실현을 위해서도 아니다. 이것이 명예와 명성과 칭찬을 구하는 사문이다.

89. 그러면 누가 제 이웃입니까?

성경(신약) 서기 70년 저술	불경 서기 전 544년 편찬
누가복음 10장 29절	**한글대장경 제2책 중아함경 1권** 119쪽 40째줄
그러면 누가 제 이웃입니까? 예수께서 대답하셨습니다. 한 사람이 예루살렘에서 여리고로 가다가 강도들을 만나게 됐다. 강도들은 그의 옷을 벗기고 때려 거의 죽게 된 채로 내버려두고 갔다. 마침 한 제사장이 그 길을 가는데 그 사람을 보더니 반대쪽으로 피해 갔다. 이와같이 한 레위 사람도 그 곳에 이르러 반대쪽으로 피해 갔다. 그러나 어떤 사마리아 사람은 길을 가다가 그 사람이 있는 곳에 이르러 그를 보고 불쌍한 마음이 들어 가까이 다가가 상처에 기름과 포도주를 바르고 싸맸다. 그리고는 여관에 데려가 잘 보살펴 주었다. …너는 이 세 사람중 누가 강도를 만난 사람의 이웃이라고 생각하느냐? 율법학자가 대답했습니다. 자비를 베푼 사람입니다. 예수께서 그들에게 말씀하셨습니다. 　"너도 가서 이와같이 하여라."	마치 어떤 사람이 먼 길을 가다가 도중에서 병을 얻어 지극히 곤란하고 몹시 시달렸지만 다만 혼자서 길동무도 없고 왔던 뒷마을로 돌아가긴 더욱 먼데 앞 마을에 아직 이르지 못함과 같다. 만일 어떤 사람이 그것을 보고 …120쪽 4째줄… 그 사람을 먼 들판에서 마을로 데리고 가서 좋은 탕약과 좋은 음식을 먹이고 좋은 간호를 해주어 이 사람의 병이 나았다. 그 사람은 이 병자에 대해서 지극히 가엾이 여기고 내 이웃을 사랑하는 마음을 실천한 것이다. …120쪽 19째줄… 이 사람은, 몸과 마음의 깨끗한 선행으로 말미암아 목숨이 끝난 뒤에는 반드시 좋은 곳으로 가서 천상에 태어날 것이다.

90. 땅이 스스로 곡식을 길러낸다

성경(신약) 서기 70년 저술	불경 서기 전 544년 편찬
마가복음 4장 26절 2째줄	**한글대장경 제6책 잡아함경 2권** 350쪽 22째줄
어떤 사람이 땅에 씨를 뿌리면 씨는 그 사람이 자고 있든 깨어 있든 밤낮으로 싹이 트고 자라난다. 그러나 그는 씨가 어떻게 해서 그렇게 되는지 알지 못했다. 땅이 스스로 곡식을 길러내는 것이다. 처음에 줄기가 자라고 다음에는 이삭이 패고 그 다음에는 이삭에 알곡이 맺힌다. 그리고 곡식이 익은대로 곧 농부가 낫을 댄다.	그 종자가 이미 땅에 들어갔으면 스스로 때를 따라, 나서 자라고 열매 맺고 익을 것이다. 그와같이 비구들이여 이 세가지 공부를 때를 따라 잘 공부하라 …29째줄… 자연의 신통력은 능히 오늘이나 내일, 혹은 뒷날에 모든 번뇌를 일으키지 않고 마음을 잘 해탈케 하느니라.

91. 바위 위에 기초를 세웠다

성경(신약) 서기 70년 저술	불경 서기 전 544년 편찬
마태복음 7장 24절 그러므로 내가 하는 말을 듣고 그대로 실천하는 사람은 바위 위에 집을 지은 지혜로운 사람이다. 비가 내려 홍수가 나고 바람이 불어 세차게 내려치더라도 그 집은 무너지지 않았다. 바위 위에 기초를 세웠기 때문이다. 그러나 내가 하는 말을 듣고도 실천하지 않는 사람은 모래 위에 집을 지은 어리석은 사람이다.	**한글대장경 제45책 화엄경(80권본)** **1권** 259쪽 32째줄 비유컨대 집터를 먼저 잘 닦고 기초를 튼튼하게 하고서야 좋은 집을 지을 수 있는 것처럼 보시와 계행들도 그러하기 때문에 그것이 보살의 모든 행의 근본이 되느니라. **한글대장경 불교성전 법구경** 208쪽 19째줄 김성구 개정판 발행(2000년 3월 15일) 아무리 비바람 때린다 할지라도 반석(磐石)은 흔들리지 않는 것처럼 어진 사람은 뜻이 굳세어 비방과 칭찬에도 움직이지 않는다.

92. 예수·석가 모두 임종 때 땅이 크게 진동함

성경(신약) 서기 70년 저술	불경 서기 전 544년 편찬
마태복음 27장 46절	**한글대장경 제10책 증일아함경 2권** 218쪽 3째줄
오후 3시쯤 돼 예수께서 큰 소리로 "엘리엘리라마사박다니"라고 부르짖으셨습니다. 이것은 "내 하나님 내 하나님 어째서 나를 버리셨습니까?"라는 뜻입니다. …50절… 예수께서 또다시 크게 외치신 후 숨을 거두셨습니다. 바로 그때 성전의 휘장이 위에서 아래까지 두 쪽으로 찢어졌습니다. <u>땅이 흔들리며 바위가 갈라졌습니다.</u>	세존(부처님)께서는 말씀하셨다. 어떤 힘은 그 모든 힘보다 뛰어나다. 그것이 무엇인가? 이른바 무상(無常)의 힘이다. 오늘 밤중에 여래는 사알라 나무 밑에서 무상의 힘으로 세상을 떠날 것이다. 　그때 동자승들은 모두 눈물을 떨어뜨리면서 말하였다. 여래님께선 어찌 그리 빠르시나이까? 세상은 눈을 잃게 되었습니다.

한글대장경 제1책 장아함경
83쪽 40째줄

　부처님은 사라쌍수 사이에 있어 고요한 마음으로 누워 계시네. 나무신(神)들은 마음이 청정하여 부처님 위에 꽃잎을 뿌리네. …103쪽 37줄… 이에 부처님은 초선정(初禪定)에 들어갔다. 초선정에서 일어나 제2선에 들어가고 2선에서 일어나 3선에 들어가고 3선에서 일어나 제4선에 들어갔다. …104쪽 8째줄… 4선에서 일어나 부처님은 반열반하셨다. <u>그때에 땅은 크게 진동하여 모든 하늘과 세상사람들은 다 크게 놀랐다.</u>

93. 부모를 공경하라

성경(신약) 서기 70년 저술	불경 서기 전 544년 결집
마태복음 15장 4절 하나님께서는 너희 부모를 공경하라 하셨고 "누구든지 자기 부모를 저주하는 사람은 반드시 죽을 것이다"라고 하셨다.	**한글대장경 제9책 증일아함경 1권** 210쪽 3째줄 비구들이여 알아야 한다. 부모의 은혜는 지극히 무거우니라. 우리를 안아 길러주고 때때로 보살펴 시기를 놓치지 않았기 때문에 우리는 저 해와 달을 보게 된 것이다. …209쪽 38째줄… 비구들이여 어떤 사람이 왼쪽 어깨에 아버지를 얹고 오른쪽 어깨에 어머니를 얹고 천만 년 동안 의복·음식·침구·의약으로 공양할 때에 그 부모가 어깨 위에서 오줌과 똥을 누더라도 자식은 그 은혜를 다 갚지 못할 것이다. **한글대장경 제8책 별역잡아함경** 69쪽 17째줄 그 부모에게 극진히 효도하며 모든 어른들에게도 깊은 마음에서 공경하며 항상 부드러운 말과 착하고 좋은 말만 하며 이간 부치는 말과 인색함과 성냄 끊었나니……

94. 부끄러워 하라

성경(신약) 서기 70년 저술	불경 서기 전 544년 결집
마가복음 8장 38절 누구든지 음란하고 죄 많은 이 세대에서 나와 내 말을 부끄럽게 여기면 인자도 아버지의 영광을 입고 거룩한 천사들과 함께 올 때에 그를 부끄럽게 여길 것이다. **누가복음 18장 9절** 자기가 의롭다 생각하며 다른 사람들을 업신여기는 몇몇 사람들에게 예수께서 이런 비유를 들려 주셨습니다. 두 사람이 기도하러 성전에 올라갔다. 한 사람은 바리새파 사람이었고 또 다른 사람은 세리였다. 바리새파 사람은 서서 자신에 대해 이렇게 기도했다. 하나님 저는 다른 사람들, 곧 남의 것을 빼앗는 사람이나 불의한 사람이나 간음하는 사람과 같지 않고 이 세리와도 같지 않음을 감사합니다. 저는 일주일에 두 번씩 금식하고 얻은 모든 것의 십	**한글대장경 중아함경 1권** 221쪽 22째줄 만일 비구가 부끄러움이 없으면 사랑과 공경을 해치느니라. 사랑과 공경이 없으면 믿음을 해치고 … 바른 사유(思惟)를 해치고 …(29째줄)… 그러나 만일 비구가 부끄러움이 있으면 곧 사랑과 공경을 익히고 믿음을 익히며… 바른 사유, 바른 생각, 바른 지혜를 익히며 … 해탈을 익히며 열반을 익히느니라. **한글대장경 중아함경 1권** 154쪽 38째줄 「나는 부처님과 법과 스님들로 말미암아 선(善)과 서로 응하는 평등한 마음에 머무르지 못한다」〈그러나〉 그는 부끄러워 함으로 말미암아 곧 선과 서로 응하는 평등한 마음에 머무를 것이다.

일조를 냅니다. 그러나 또 한 사람 세리는 멀찍이 서서 하늘을 쳐다볼 엄두도 내지 못하고 가슴을 치며 말했다. "하나님 이 죄인에게 자비를 베풀어 주십시오." 내가 너희에게 말한다. 이 사람이 저 바리새파 사람보다 오히려 의롭다는 인정을 받고 집으로 돌아갔다. 누구든지 자기를 높이는 사람은 낮아질 것이요, 자기를 낮추는 사람은 높아질 것이다.

95. 기독교와 불교의 부모관(父母觀)을, 그리고 중국 공자님의…

성경(신약) 서기 70년 저술	불경 서기 전 544년 편찬
마태복음 23장 9절 또 너희는 누구든지 땅에 있는 사람을 너희 아버지라 부르지 말라. 너희 아버지는 한 분뿐이시며 하늘에 계시기 때문이다. 너희는 지도자라 불러서도 안 된다. 너희 지도자는 그리스도 한 분뿐이시기 때문이다. **요한복음 8장 44절** 너희는 너희 아버지인 마귀에게 속해 있고 너희는 너희 아버지가 원하는 것을 하고자 한다. 그는 처음부터 살인자였다. 또 그 안에 진리가 없기 때문에 진리 안에 서지 못한다. 그는 거짓말을 할 때마다 자기 본성을 드러낸다. 이는 그가 거짓말쟁이며 거짓의 어버이이기 때문이다.	**한글대장경 156책 과거 현재 인과경(불설흥기행경)** 381쪽 1째줄 너는 일찍이 카샤파 부처님으로부터 깊은 불법의 보배를 들었으면서 어째서 집에만 있고 출가하여 도를 닦지 않았느냐? 물었더니 호회는 대답하기를 "너는 나의 부모님이 나이 늙고 또 두 분이 눈먼 소경이어서 두 분을 봉양하려면 어떻게 집을 떠나 출가하여 도를 닦겠느냐 나는 오래 전부터 도를 닦으려 하였지마는 만약 내가 출가하여 도를 닦는다면 부모님은 곧 돌아가시리라. 그 때문에 출가할 수 없을 뿐이다"라고 대답하였다.

해 설

위에 기독교와 불교의 부모관(父母觀)을 예로 들었다. 중국의 공자님의 부모관은 어떤지 몇 자 적어보자.

"부모를 섬기는 데 있어서는 부드럽게 간(諫)하여 부모의 뜻이 자기의 말에 따를 수 없음을 알게 되면 또한 공경스럽게 부모의 뜻을 어기지 않으며 괴로울 것이나 원망하지는 않아야 한다. (공자의 논어 里仁 18)

※ 간(諫) : 어른이나 임금님께 잘못을 고치도록 말하다.

96. 병아리 새끼들을 비유해서

성경(신약) 서기 70년 저술	불경 서기 전 544년 편찬
마태복음 23장 37절 예루살렘아, 예루살렘아! 예언자들을 죽이고 네게 보낸 사람들에게 돌을 던진 예루살렘아, 암탉이 병아리를 날개 아래 품듯이 내가 네 자녀를 모으려고 한 적이 몇 번이더냐. 그러나 너희가 원하지 않았다. 이제 너희 집은 버림받아 황폐해질 것이다.	**한글대장경 제5책 잡아함경** 274쪽 27줄 비유하면 암탉이 많은 알을 품고 때를 따라 꼭 안아주고 차고 더움을 잘 맞추어 주지 않는다면 병아리 스스로 주둥이와 발톱으로 알을 쪼아 스스로 안전하게 나오기 어렵다. 설사 나온다 해도 모든 것을 제 힘으로 능히 안전하게 할 수 없는 것이다. 무슨 까닭인가? 어미닭이 때를 따라 꼭 안아주고 추위를 막아 따뜻하게 품어주어야 한다. 이와같이 수행승이 마음을 닦아 번뇌를 여이고 해탈하고자 한다면 이른바 생각하는 곳·바른 노력·신통·뿌리·힘·깨달음·길을 닦아야 하기 때문이다.

해 설

예수는 그동안 뺏고 빼앗김을 거듭해 온 예루살렘 땅과 허물어진 성전의 안타까움을 병아리 새끼들 보호함에 비유하고, 석가모니는 깨달음을 위한 수행승들의 정진에 비유하여 역시 병아리 새끼들을 잘 살피고 보호하고 길러냄에 비유해서 표현했다.

97. 이 세상 부모와 자식간의 인연이란…

성경(신약) 서기 100년 저술	불경 서기 전 544년 편찬
마가복음 3장 21절 예수의 가족들은 "예수가 미쳤다는 소문을 듣고서 예수를 붙잡으러 찾아다녔습니다. …31절… 그때 예수의 어머니와 형제들이 찾아왔습니다. 그들은 밖에 서서 사람을 시켜 예수를 불렀습니다. 많은 사람들이 예수 곁에 둘러 앉아 있었는데 그들이 예수께 말했습니다. "보십시오. 선생님의 어머니와 형제들이 밖에서 선생님을 찾고 계십니다." 예수께서 그들에게 물으셨습니다. "<u>누가 내 어머니이고 내 형제들이냐?</u>" 그러고는 곁에 둘러 앉은 그들을 돌아보며 말씀하셨습니다. "보라. 내 어머니와 내 형제들이다. 누구든지 하나님의 뜻을 행하는 사람이 바로 내 형제요, 자매요, 어머니다."	**한글대장경 제20책 법구경(법구비유경)** 222쪽 5째줄 <u>부모와 처자의 인연으로 이 세상에 모인 것은</u> 마치 여관의 나그네가 아침에 일어나면 이내 흩어지는 것과 같은 것이다. 어리석고 미혹하여 얽매이고 집착한다. 그것을 자기 소유라 생각하고 근심하고 슬퍼하며 괴로워하고 번민하면서도 근본을 알지 못한다. 그리하여 생사에 빠져 헤매이기를 그치지 않는 것이다. **한글대장경 제8책 별역잡아함경** 484쪽 27째줄 아들 낳으면 세상에서 좋다 하고 기뻐하지만… 내가 알기로는 아들 낳는 이가 반드시 그 사랑에 이별함이 있나니 오음(五陰) 고통으로 모이고 임시 화합하였을 뿐이네. 이는 도무지 그 아들 아니네. 바로 온갖 고통이거늘 어리석은 이는 낙으로 여기나니, 그러므로 나는 그것을 말하기를 아들 낳는 것 좋지 않는 새로운 윤회를 낳는 것이라고 생각하네.

98. 하늘나라는 어린아이 같은 사람들의 것이다

성경(신약) 서기 70년 저술	불경 서기 전 544년 편찬
마태복음 19장 13절	**한글대장경 제18책 현우경** 166쪽 9째줄

그때 사람들이 예수께 어린 아이들을 데리고 와서 예수께서 손을 얹어 기도해 주시기를 원했습니다. 그러자 제자들이 그들을 꾸짖었습니다. 예수께서 말씀하셨습니다.
  "어린 아이들을 내게 오게 하라. 그들을 막지 말라. 하늘나라는 이런 어린 아이 같은 사람들의 것이다."
  예수께서 그들에게 손을 얹어 기도해 주시고 그곳을 떠나셨습니다.
	그때에 부처님은 거지 아이들에게 말씀하셨습니다. "우리 법은 청정하여 귀천이 없느니라. 그것은 마치 깨끗한 물이 온갖 더러운 것을 씻되 귀하거나 천하거나 곱거나 밉거나 남자거나 여자거나 물에 씻으면 깨끗해지지 않는 것이 없느니라. 또 불이 가는 곳엔 산이나 들이나 석벽이나 천지에 일체는 타지 않는 것이 없느니라. 또 우리 법은 마치 저 하늘 허공과 같아서 남녀노소 빈부귀천이 마음대로 그 안에 들어올 수 있느니라."

99. 시몬아 깨어 있어라 기도하라

성경(신약) 서기 70년 저술	불경 서기 전 544년 편찬
마가복음 14장 34절	**한글대장경 제10책 증일아함경 2권** 299쪽 19줄
예수께서 그들에게 말씀하셨습니다. "내 마음이 너무 괴로워 죽을 지경이다. 너희는 여기 머물러 깨어 있어라." 예수께서는 조금 떨어진 곳으로 가셔서 땅에 엎드려 할 수만 있다면 그 순간이 그냥 지나가게 해 주십사 기도하셨습니다. "아바, 어버지여! 어버지께서는 모든 일이 가능하시니 이 잔을 내게서 거둬 주십시오. 그러나 내 뜻대로 하지 마시고 아버지의 뜻대로 하십시오." 그리고 나서 제자들에게 돌아와 보시니 그들은 자고 있었습니다. 예수께서 베드로에게 말씀하셨습니다. "시몬아, 자고 있느냐? 네가 한 시간도 깨어 있지 못하겠느냐? 시험에 들지 않도록 깨어서 기도하여라. 마음은 간절한데 육신이 약하구나." 세 번째 기도를 예수께서 마치고 돌아와 보니 제자들은 또 잠이 들어 있었습니다. 그들은 너무나 졸려서 눈을 뜰 수 없었습니다.	언제나 스스로 깨어있기를 생각하고 법이 아닌 것에 집착하지 말라. 그 닦는 바가 바른 행과 맞으면 생사의 어려움을 건너게 되리라. … 중생들은 떠돌기 오래이거니 늙음·병·죽음을 끊어야 한다. 이미 마련한 것을 익히지 않고 온갖 그릇된 행을 다시 짓나니 그러한 게으르고 방탕한 사람 마침내 번뇌속에 해매이게 되리라. 만일 부지런히 노력하려는 마음 그 마음을 언제나 떠나지 않아 서로서로 계속해 가르쳐 깨우치면 마침내 번뇌없는 사람이되리라. 그러므로 모옥갈라 아냐, 부디 비구들을 위해 이렇게 깨우쳐 주라. 또 이와같이 공부하고 수행하여야 하느니라. 그때에 세존께서는 비구들을 위해 아주 묘한 법을 말씀하시어 기쁜 마음을 내게 하셨다.(증일아함경 519페이지 5째줄) 아무리 큰 악을 지었더라도 뉘우치면 허물 없어지리니 그때 바로 이 세상에서 악의 근본이 모두 사라지리라.

129

100. 구하라, 그러면 그대로 이루어질 것이다

성경(신약) 서기 70년 저술	불경 서기 전 544년 편찬
요한복음 15장 7절	**한글대장경 제7책 잡아함경 3권** 91쪽 22줄 끝
만일 너희가 내 안에 있고 내 말이 너희 안에 있으면 너희가 원하는 것이 무엇이든지 구하라. 그러면 그대로 이루어질 것이다. 너희가 열매를 많이 맺으면 내 제자가 되고 이것을 아버지께서 영광을 받으실 것이다. 아버지께서 나를 사랑하신 것처럼 나도 너희를 사랑했다. 너희는 내 사랑 안에 머물러 있으라. 내가 내 아버지의 계명을 지키고 아버지의 사랑 안에 있는 것 같이 너희도 내 계명을 지키면 내 사랑 안에 있을 것이다. 이것은 너희 기쁨이 충만하게 하려는 것이다.	법다운 행과 바른 행을 행함으로서 깨끗한 계율을 행한 사람은 그 마음에 원하는 것은 다 저절로 얻어지기 때문이다. 다시 이 법답고 바른 행을 행한 사람으로서 범천에 나고자 하여도 또한 거기가서 난다. 왜냐하면 바른 행과 법다운 행을 행함으로서 계율을 가지고 청정한 마음을 행하면 원하는 것은 반드시 얻어지기 때문이다. 다시 사랑하는 마음, 가엾이 여기는 마음, 기쁘게 하려는 마음, 평등하게 보는 마음과 허공경계 · 의식경계 · 아무것도 없는 경계, 생각도 아니요, 생각 아닌 것도 아닌 경계를 구하려고 하여도 다 얻어진다.

101. 너희가 악한데 어떻게 선한 것을 말하겠느냐?

성경(신약) 서기 70년 저술	불경 서기 전 544년 편찬
마태복음 12장 34절	**한글대장경 본생경 2권** 501쪽 40줄
독사의 자식들아! 너희가 악한데 어떻게 선한 것을 말하겠느냐? 마음에 가득차 있는 것이 입 밖으로 흘러나오는 법이다. 선한 사람은 선한 것을 쌓아다가 선한 것을 내놓고 악한 사람은 악한 것을 쌓았다가 악한 것을 내 놓는다.	사람은 누구나 제가 한 일을 뒷날에 가서 제 몸에서 본다. 선을 행한 사람은 그 선을, 악을 행한 사람은 그 악을, 마치 제가 뿌린 종자에서 그것과 꼭 같은 과보를 받는다.

해 설

불교에서 주장하는 인과응보의 원리를 강조하는 내용이다.

102. 가난 · 배고픔 · 학대 · 기도 · 구원

성경(신약) 서기 70년 저술	불경 서기 전 100년 편찬
누가복음 16장 19절	**한글대장경 제18책 현우경** 157쪽 37줄

누가복음 16장 19절

어떤 부자가 있었는데 그는 항상 자색옷과 고운 베옷을 입고 날마다 즐기며 사치스럽게 살았다. 그 집 대문 앞에는 '나사로'라는 거지가 상처투성이 몸으로 있었다.

그는 부자의 상에서 떨어지는 부스러기로 배를 채우려고 했다. 그런데 심지어는 개들마저 와서 그 상처를 핥았다. 나중에 그 거지가 죽자 천사들이 그를 아브라함의 품으로 데려갔다. 그 부자도 죽어서 땅에 묻혔다. 부자는 지옥에서 고통을 당하고 있었는데 고개를 들어보니 저 멀리 아브라함과 그의 품에 있는 나사로가 보였다. 그가 아브라함에게 외쳤다.

"조상 아브라함이여, 저를 불쌍히 여겨 주십시오. 나사로를 보내 그 손가락 끝에 물 한방울 찍어서 제 혀를 시원하게 해 주십시오. 제가 지금 이 불 속에서 고통을 당하고 있습니다." 그러자 아브라함이 대답했다.

"얘야, 네가 살아있을 때를 기억해 보아라. 네가 온갖 좋은 것을 다 받

한글대장경 제18책 현우경

부처님께서 아리제라는 나라에 계실 때였습니다. 그 나라에 어떤 장자가 있었는데 그는 재산이 한없이 많았으나 탐욕심이 많고 포악하였습니다. 그 집에는 늙은 여자종이 있었는데 이른 새벽부터 밤 늦게까지 일에 쫓겨 조금도 쉴틈이 없었습니다. 조금 잘못이 있어도 매질을 했고 옷은 몸을 가리지도 못할 정도로 떨어지고 제대로 먹지 못해 굶주린채였습니다.

어느날 강가에 나가 물을 긷다가 통곡하였습니다. 그때 가전연 스님이 지나시다가 그에게 물었습니다.

"어찌하여 그처럼 슬피 울며 괴로워 하십니까?"

"스님, 저는 이렇게 늙었는데 노동에 시달리고 입고 먹는 것도 주인이 제대로 주지 않아 죽고 싶어도 죽을 수 없습니다. 그래서 우는 것입니다."

"그렇게 가난하면 왜 그 가난을 팔지 않습니까?"

"가난을 어떻게 팔 수 있습니까?

성경(신약) 서기 70년 저술	불경 서기 전 544년 편찬

성경(신약) 서기 70년 저술

는 동안 나사로는 온갖 나쁜 것만 다 겪었다. 그러나 지금은 그가 여기서 위로 받고 너는 고통을 받는다. 이뿐 아니라 너희와 우리 사이에는 커다란 틈이 있어 여기서 너희 쪽으로 건너가고 싶어도 갈 수가 없고 거기서도 우리 쪽으로 건너올 수가 없다."

부자가 대답했다. "그렇다면 제발 부탁입니다. 나사로를 저희 아버지 집으로 보내 주십시오. 제게 다섯 형제가 있으니 그들이 이 고통스러운 곳으로 오지 않도록 나사로가 가서 경고하게 해 주십시오."

아브라함이 대답했다.

"그들에게 모세와 예언자들이 있으니 그들의 말을 들으면 될 것이다." 부자가 말했다.

"아닙니다. 조상 아브라함이여. 누군가 죽었던 사람이 가야만 그들이 회개할 것입니다."

아브라함이 그에게 말했다.

"그들이 모세와 예언자들의 말을 듣지 않으면 비록 죽은 사람들 가운데 누가 살아난다 해도 그들은 믿지 않을 것이다."

불경 서기 전 544년 편찬

누가 가난을 사겠습니까?"

"가난을 파는 방법이 있습니다."

"스님, 가난을 어떻게 팝니까?"

"참으로 팔고 싶으면 내 말을 잘 들어야 합니다."

"예, 듣겠습니다."

"당신은 보시하여야 합니다."

"스님, 나는 하도 빈곤하여 지금 내게는 손바닥만한 성한 옷도 없습니다." 스님은 곧 바루를 주면서 말하였습니다.

"이 바루에 깨끗한 물을 조금 떠오시오." 물을 떠오자 스님은 부처님에게 축원하고 재계를 가르치고 또 염불의 갖가지 공덕을 가르치고 그리고 물었습니다.

"주무시는데는 어딥니까?"

"쓰레기더미 옆에서 누워 잡니다."

"당신은 마음을 좋게 가지고 염불하며 부지런히 일하시되 싫어하거나 원통한 생각을 내지 마십시오. 언제나 부처님 모습을 떠올리며 염불하면서 부디 나쁜 생각을 내지 마시오." 노파는 시키는대로 기도하면서 열심히 염불하여 세월가는 줄 모르다가 어느날 죽어서 하늘나라 도리천궁에 태어났습니다.

| 성경(신약) 서기 70년 저술 | 불경 서기 전 544년 편찬 |

해 설

노파에게 배고픔과 학대는 여전했으나 다만 기도로써 마음의 안정을 얻을 수 있었다. 마음의 안정을 얻고 보니 저절로 마음의 가난을 다 팔아버릴 수 있었다. 그래서 마음이 부자가 되고 영혼의 안정과 자유를 얻어 죽어서는 하늘나라 도리천궁에 태어나게 되었다.

103. 성경과 불경, 다만 주(主)를 보는 관점은 서로 다르다

성경은 하나님을 주(主)라 하고 그분이 세상을 지었다 하고	불경은 마음이 주(主)가 되어 모든 법의 근본이 되었다 하고
성경(신약) 서기 70년 저술	불경 서기 전 544년 결집 간행

마가복음 12장 29절

이스라엘아 들으라! 주(主) 우리 하나님은 오직 한 분이다. 네 마음과 네 목숨과 네 뜻, 네 힘을 다해 주(主) 네 하나님을 사랑하라. 이것이 첫 번째 중요한 계명이다.

요한복음 1장 3절

모든 것이 그 분을 통해 지음 받았으며 그 분 없이 된 것은 아무것도 없었습니다.

요한복음 1장 18절

지금까지 아무도 하나님을 본 사람이 없었습니다. 그러나 아버지 품에 계시는 독생자께서 하나님을 알려 주셨습니다.

요한복음 1장 10절

그 분이 세상에 계셨고 그 분이 세상을 지었지만 세상은 그 분을 알아 보지 못했습니다.

한글대장경 제20책 법구경 (법구비유경) 151쪽 26째줄

마음은 모든 법의 근본이다. 마음이 주(主)가 되어 모든 일 시키나니 마음 속으로 악한 일 생각하여 그대로 말하고 그대로 행하면 죄의 고통 따르리라. … 마음 속으로 선한 일 생각하여 그대로 행하면 복의 즐거움 따르나니 그림자가 형체를 따르는 것처럼.

한글대장경 제7책 잡아함경3권 55쪽 29째줄

무엇이 세상을 유지해 가며 무엇이 세상을 이끌고 있는가? 또 어떤 법이 있어 세상을 제어하는가? 마음이 세상을 유지해 가고 마음이 세상을 이끌고 있다. 그 마음이 한 법이 되어 세상을 능히 제어하나니 …잡아함경1권 513쪽 27쭐… 일체중생은 마음 먹음으로 말미암아 존재하느니라.

성경(신약) 서기 70년 저술	불경 서기 전 544년 편찬
마가복음 9장 1절 예수께서 그들에게 말씀하셨습니다. "내가 너희에게 진실로 말한다. 여기 서 있는 사람 가운데 죽기 전에 하나님 나라가 능력을 떨치며 오는 것을 볼 사람이 있을 것이다." **마가복음 13장 26절** 그때 사람들은 인자가 큰 권능과 영광 가운데 구름을 타고 오는 것을 볼 것이다. 그때 인자가 천사들을 보내 택함 받은 사람들을 땅 끝에서 하늘 끝까지 사방에서 모을 것이다. **마태복음 16장 27절** 인자가 천사들과 함께 아버지 영광으로 다시 올 것이다. 그때 인자는 각 사람이 행한 대로 갚아줄 것이다. **요한복음 5장 28절** 이것에 놀라지 말라 무덤 속에 있는 모든 사람들이 아들의 음성을 들을 때가 온다. 선한 일을 행한 사람들은 부활해 생명을 얻고 악한 일을 행한 사람들은 부활해 심판을 받을 것이다.	**한글대장경 제9책 증일아함경** 오왕품 1권 515쪽 33째줄 애욕아 나는 너의 근본을 안다. 너는 생각을 의지해 생긴다. 그러나 나는 생각하지 않나니 그러면 또한 너는 없는 것이다. **한글대장경 제10책 증일아함경** 2권 347쪽 첫째줄 하늘신(유태교 창조신)이 세상을 만들었다거나 저 범천(힌두교 창조신)이 만든 것도 아니거늘 그런데도 범천이 만들었다 한다면 그것은 허망한 말이 아닌가. **한글대장경 제3책 중아함경 2권** 420쪽 7째줄 일체 중생을 위하여 소젖을 짜는 동안이라도 사랑(慈)하는 마음을 행하면… 가장 훌륭한 보시(布施)다 …(15째줄)… 소젖을 짜는 동안이라도 사랑하는 마음을 행하더라도, 만일 어떤 이가 능히 일체 모든 법은 무상(無常)하고 괴로우며 공(空)하고, 신(神)이 아니라고 관찰하면 이것은

| 성경(신약) 서기 70년 저술 | 불경 서기 전 544년 편찬 |

앞의 보시보다 가장 훌륭한 법(法) 보시이다. …(중아함경 3권 278쪽 8째줄)… 무슨 까닭인가? 우리는 우리의 신(神)이 없고 신의 소유도 없기 때문이다.

불교의 연기론(緣起論)이란 무엇인가?

 이 세상 모든 것들의 존재 의미는 인연(因緣)의 결과로서 생겨난다는 말이다. 이것을 가장 이해하기 쉬운 예를 들어 설명해 보자. 뱀이 적을 공격할 때는 주사침 같은 이빨로 물어서 그 액체를 상대방 몸에 주입시킨다. 그러면 그 액체가 상대방 혈관을 통해 심장에 도달하면 상대방은 즉시 심장이 파열되어 죽고 만다. 그것은 무서운 독약이 되기 때문이다. 그러나 그 액체가 상대방 입을 통해 위장으로 들어가면 힘이 넘치고 정력이 왕성해지는 보약이 된다. 그렇다면 심장과 위장은 어차피 한 몸 안에 붙어 있는 것인데 도대체 뱀의 액체는 우리에게 독약이라고 해야 할 것인가? 보약이라고 해야 할 것인가? 여기서 우리에겐 비로소 인연이란 무엇인가? 하는 뜻을 밝히고 설명해야 할 필요성이 제기된다. 그러니까 뱀의 이빨에서 나온 액체는 똑같은 액체이지만 그것이 심장과 만나는 인연이 되면 무서운 독약이 되고, 위장과 만나는 인연이 되면 보약이 되는 결과가 이루어진다. 그러니까 무엇과 인연 관계가 되느냐에 따라서 그 존재의 의미가 달라진다는… 그리고 인과관계가 이루어진다는 것이다. 인연관계가 이루어지기 전까지는 뱀의 액체는 독약도 아니고 보약도 아니다. 그것을 무엇이라고 정의 내릴 수 없는 존재였다. 그와같이 이 세상 모든 것들의 존재 의미는 인연작용의 결과로서 그때 그때 나타날 뿐 인연작용이 없으면 존재 의미는 본래 있지 않는 것이다. 이 세상 다른 모든 것들의 존재 의미도 그와 똑같은 것이다. 사랑도, 증오도, 선도, 악도, 행복도, 불행도 그 존재 가치도 인연에 의해 생겨날 뿐이다. 그리고 그때 그때 그것을 판단하고 주관하고 주재하는 것을 사람의 마음이라 한다. 그래서 모든 것이 사람의 마음 안에 있는 것이요, 마음 밖에 있는 것이 아니라고 한다. 이것이 불교에서 말하는 일체유심조(一切唯心造) 사상이다. 이것이 불교의 연기론이자 인연론이다.

| 성경(신약) 서기 70년 저술 | 불경 서기 전 544년 편찬 |

한글대장경 제156책 과거현재인과경 152쪽 38째줄

 일체 모든 법의 근본은 <u>인연(因緣)으로 생길 뿐 주(主)가 없나니 만약 이것을 이해할 수 있는 사람은 진리를 알게 되느니라.</u>

 일체 존재는 인연(因緣) 따라 생겨나고 없어지는 연기법(緣起法)이다. …(중아함경 1권 161쪽 14줄)… 인연이 화합하여 생겨났다가 인연이 흩어지면 사라지나니 …(잡아함경 3권 313쪽 8줄)… 육체와 정신은 모두 원인과 조건에 의해 이루어지고 사라지는 허무한 존재다. 지금의 이 의식도 인연작용 때문에 일어난 것이다. …(중아함 3권 279쪽 35줄)… 이와같이 모든 유위법(有爲法)은 무상하여 결국 멸망하는 성질의 것이다. …(본생경 2권 505쪽)… 사랑할 것도 없으며 기뻐할 것도 없는 일체 세상을 쳐부수는 것을 죽음이라 한다.…(중아함경 1권 324쪽 11줄)

한글대장경 제96책 대보적경1권 276쪽 24째줄

 인연의 맞대임으로부터 불이 일어나나니 두 나무를 서로 문질러서 불이 일어나 타듯이. 그러나 맞대이는 것이 없으면 불이 없게 되나니. 불이 치성하게 타는 것도 없느니라. 그와 같이 오직 인연의 맞대임으로 마음의 불을 타게 하나니 인연의 맞대임이 없으면 번뇌의 불도 꺼지리라. 그러므로 선한 인연은 화합과 화목의 불을 일으키고 악한 인연은 맞울음 울게 한다.

한글대장경 중아함경 3권 278쪽 4째줄

 다른 사람들이 너희를 공경하거나 또는 미워하더라도 성내지 말라. 무슨 까닭인가? 우리는 우리의 신(神)이 없고 신의 소유도 없기 때문이다.

예수의 인간적인 조명(照明)

예수의 출생에 대해서는 성경에 나온 대로라면 그는 성령의 계시를 받아 잉태되어 이 세상에 출생하게 되었다는 것과 그가 12살 되던 해에 총명한 아이로 부모와 함께 유월절에 예수살렘에 갔다는 두 가지 기록이 남아있을 뿐이다. 그런데 그것은 신학적인 의미로 기록된 것일 뿐, 그가 30살이 되어 설교를 시작하기 전까지는 그가 어디에 살았으며 어떤 교육을 받았으며 어떤 활동을 하였는지 아무 기록도 찾아볼 수 없다. 예수의 인간적인 기록들은 어디서도 찾을 수가 없다. 그리스교도들의 예수에 대한 이야기는 오직 신약성서를 빌어 이야기 될 뿐인데 그것은 예수에 대한 인간적인 발자취를 밝히는 것이 되지 못한다.

옛날에 영국 옥스퍼드 대학에서 편찬한 브리태니커 사전 27권이 얼마 전 우리나라에서도 전부 한글로 번역되어 출판되었다. 옥스퍼드 대학은 800년의 역사와 전통을 자랑하는 세계적인 대학이다. 그 대학에서 나온 브리태니커 백과사전은 다른 사전들과는 비교가 안 될 만큼 세계 역사와 국제적인 자료들이 수록된 지식의 보고라 할 수 있는 대백과사전이다. 역사·과학·종교·예술·인물 등 인류 역사에 큰 족적을 남긴 사람들의 기록이 나와 있다. 거기 예수에 대한 기록들을 보면 예수를 출생시킨 아버지가 목수 요셉이 아니고 판테르라는 이름이 나온다.

판테르는 로마 군인이었다. 당시 이스라엘은 로마의 침략전쟁으로 정복 당해 로마의 지배하에 있었다. 당시 이스라엘 헤롯왕은 이름뿐인 허수아비 왕이요, 모든 행정권은 로마 총독 빌라도가 가지고 있었다. 그리고 로마에서 파견한 군인들이 주둔하고 있었다. 판테르는 그 로마군의 포병이었다. 로마의 역사서를 저술한 타키투스는 예수의 인간적인 발자취라 할 수 있는 기록들을 이렇게 남겼다.

"이 저작품들이 제공하는 예수상은 다음과 같이 요약될 수 있을 것이다. 판테르라는 사람의 아들로 태어난 예수는 마술을 행했고 현인들을 조롱했으며 백성들을 유혹하고 선동했다. 5명의 제자들을 그 주위에 모았으며 유월절 전날 십자가 형에 처해졌다."

그러한 주장들을 윤색한 모음인 《예수의 생애》는 몇개의 번역판으로 중세 유대인들 사이에 널리 퍼졌었다.

— 브리태니커 백과사전 16권 48페이지 1열 50째줄

여기 기록된 예수의 친아버지 판테르라는 사람의 무덤이 1859년 프랑스 남부 라인강변 근처 로마인 묘지에서 발견되었다. 비문에는 '향년 62세 로마군에 40년 근무한 제1보병대 병사 판테르 여기에 잠들다'라고 기록되어 있다.

침략 전쟁으로 로마의 정복자들의 만행이 저질러지고 여자들에겐 불행한 사생아들이 많이 태어나게 되었다. 이렇게 만행을 저지른 뒤에 정복자들은 아버지라는 책임감도 없고 양육도 돌보지 않은 채 떠난다. 이렇게 탄생한 사생아들은 이웃들의 동정을 받는가 하면 멸시를 받으며 자라난다. 군인들의 만행에 희생된 처녀들은 시집오라는 곳이 없어 결혼하기가 어렵다. 결국엔 나이 많고 가난한 홀아비들이 겨우 그들을 받아들인다.

이렇게 예수를 낳은 마리아도 당시 16살 어린 나이인데도 혼처가 없어 나이 30살이나 위인 늙은 홀아비 요셉과 인연을 맺게 된다. 그때 벌써 요셉의 나이 45세요, 딸 둘을 출가시키고 상처한 채 그냥 살아가던 늙은 홀아비였다. 이렇게 재혼하고 나서 뒤이어 줄줄이 씨다른 형제들이 태어나고 예수는 자연히 의붓아버지의 싸늘한 눈초리를 받으며 소년시절을 보낸다. 그리고 겨우 12살 되던 해 예수는 상인들을 따라 먼 나라 인도로 떠나게 되었다. 12살 어린애가 무슨 자기만의 원대한 꿈이

있어 먼 나라 인도로 가게 되었겠는가.

모든 것이 그의 기구한 출생을 비관하였기 때문인 듯하다. 인도에서 불교 승려가 되어 공부하다가 30살이 되어 본국에 돌아와 설교를 시작했을 때 놀란 이웃들이 예수를 미쳤다고 수근거리자 당황한 어머니 마리아와 형제들이 놀라 예수의 설교장으로 몰려가게 되었던 기록이 마가복음에 나온다.

> 예수의 가족들은 예수가 미쳤다는 소문을 듣고서 예수를 붙잡으러 찾아다녔습니다. (마가복음 3장 21절)

> 그때 예수의 어머니와 형제들이 찾아왔습니다. 그들은 밖에 서서 사람을 시켜 예수를 불렀습니다. 많은 사람들이 예수 곁에 둘러 앉아 있었는데 그들이 예수께 말했습니다. "보십시오. 선생님의 어머니와 형제들이 밖에서 선생님을 찾고 계십니다." 예수께서 그들에게 물으셨습니다. "누가 내 어머니고 형제들이냐?" 그러고는 곁에 둘러 앉은 그들을 보며 말씀하셨습니다. "보라, 내 어머니와 형제들이다. 누구든지 하나님의 뜻을 행하는 사람이 바로 내 형제요, 자매요, 어머니다." (마가복음 3장 31절)

예수가 인도에서 공부하고 돌아와 포교활동을 시작하였을 때 자기를 전혀 이해하지 못하던 어머니와 형제들도 이 씨다른 형을 달갑게 여기지 않았다. 예수가 그들에게 경고하는 말이 성경에 나온다.

> 나는 너희에게 말한다. 형제에게 분노하는 사람도 심판을 받게 될 것이다. 또 형제에게 라가라고 하는 사람도 공회에서 심문을 당하게 될 것이다. 그리고 너는 바보다 하는 사람은 누구든지 지옥불에 떨어질 것이다. 그러므로 네가 만약 제단에 예물을 드리다가 네 형제가 너를 원망하고 있는 것이 생각나면 예물을 거기 제단 앞에 두고 우선 가서 그 사람과 화해하여라. 예물은 그 다음에 와서 드려라. (마태복음 5장 22절)

예수가 설교하고 다닐 때 혹 어떤 사람들은 예수 등 뒤에서 "당신은 판테르의 사생아요"하고 소리 지르면 예수는 치를 떨었다고 한다. 그래서인지 성경에는 "그들은 슬피 울며 이를 갈 것이다"라는 이를 간다는 말이 왜 그렇게 성경에 자주 나오는지 모르겠다.

어느 때는 한 율법학자가 예수께 다가와 말했다. "선생님이 가시는 곳이라면 어디든지 따라가겠습니다." 이렇게 말하자 예수께서 대답하셨다.

> 여우도 굴이 있고 하늘의 새들도 보금자리가 있지만 인자는 머리를 둘 곳이 없구나.(마태복음 8장 19절)

특히 자기를 이 세상에 태어나게 한 친부이자 로마 침략군인 판테르를 증오하는 내용이 성경구절에 이렇게 나온다.

> 또, 너희는 누구든지 땅에 있는 사람을 너희 아버지라 부르지 말라. 너희 아버지는 한 분뿐이시며 하늘에 계시기 때문이다. 너희는 지도자라고 불러서도 안 된다. 너희 지도자는 그리스도 한 분뿐이기 때문이다.(마태복음 23장 9절)

> 너희는 너희 아버지인 마귀에 속해 있고 너희는 너희 아버지가 원하는 것을 하고자 한다. 그는 처음부터 살인자였다. 또 그 안에 진리가 없기 때문에 진리 안에서 살지 못한다. 그는 거짓말을 할 때마다 자기 본성을 드러낸다. 이는 그가 거짓말쟁이며 거짓의 아버지이기 때문이다.(요한복음 8장 44절)

이처럼 자기를 불행하게 한 것이 아버지 때문이라고 생각하기 때문에 아버지에 대한 증오심이 그 마음 속에 뿌리 깊게 새겨져 있었다. 상처받고 자란 애들이 삐뚤어진 성격의 소유자가 되듯이.

> 내가 이 땅에 평화를 주러 왔다고 생각지 말라. 나는 평화가 아니라 칼을 주

러 왔다. 나는 아들이 아버지와 딸이 어머니와 며느리가 시어머니와 서로 다투게 하려고 왔다. 그러므로 사람의 원수가 자기 집안 식구가 될 것이다. 누구든지 나보다 자기 부모를 더 사랑하는 사람은 내게 합당치 않다. 나보다 자기 딸을 더 사랑하는 사람도 내게 합당치 않다.(마태복음 10장 34절)

내가 세상에 불을 지르러 왔는데 이미 그 불이 붙었으면 내가 무엇을 더 바라겠느냐? 그러나 나는 받아야 할 세례가 있다. 이 일이 이루어질 때까지 내가 얼마나 괴로움을 당할지 모른다. 내가 세상에 평화를 주러 왔다고 생각하느냐? 내가 너희에게 말한다. 아니다. 오히려 분열을 일으키러 왔다. 이제부터 한 집안에서 다섯 식구가 서로 갈라져 셋이 둘과 싸우고 둘이 셋과 싸울 것이다. 그들은 갈라져 부자간에 모녀간에 고부간에 서로 대립할 것이다.(누가복음 12장 49절)

민족과 민족이 서로 대항에 일어나고 나라와 나라가 대항해 일어날 것이다.(마가복음 13장 8절)
형제가 형제를 아버지가 자식을 배신해 죽게 내어줄 것이다. 자식들이 부모를 배역해 죽게 만들 것이다.(마가복음 13장 12절)

그들은 인자가 능력과 큰 영광 가운데 하늘의 구름을 타고 오는 것을 보게 될 것이다. 그리고 인자가 큰 나팔소리와 함께 자기 천사들을 보낼 것이며…(마태복음 24장 30절)
내가 진실로 너희에게 말한다. 이 세대가 지나 가기 전에 이 모든 일이 일어날 것이다.(마태복은 24장 34절)

이 세대가 가기 전에 자기가 하늘의 구름을 타고 천사들의 나팔소리와 함께 나타난다 하더니 몇 백 세대가 지나도록 예수는 나타나지 않고 있다. 예수는 거짓말쟁이가 되었다. 예수는 인간과 세상을 미워하며 세상을 향한 신의 심판론적인 설교를 해 왔다. 그는 자신의 불행한 출생 때문에 인류를 증오하는 증오의 화신(化神)이 된 듯하다. 하지만 예수는 그동안 입만 벙긋하면 "너희는 서로 사랑하라. 서로 사랑하라" 외치는 사랑의 화신이 아니었던가? 그런데 어쩌다가 이렇게 인류를 향한 신의 심판론을 마음 속에 자리잡게 하였는가?

신약성경의 내용을 살펴보면 신약성경의 70퍼센트는 불경구절에서 가져다가 모방한 것이요, 유대교 교리(구약성경)에서 10퍼센트로 가져다가 인용한 것들이요, 나머지 20퍼센트만이 순수한 예수 자신의 말이라고 할 수 있을 것이다. 위에 나오는 인간에 대한 증오심과 세상에 대한 저주를 토로한 예수는 "내가 이 세상에 칼을 주러 왔다" "불을 던지러 왔다"는 등 그런 성경구절은 처음 읽는 사람에게 섬뜩하게 느껴진다.

서기 325년 로마의 황제 콘스탄티누스는 성경책을 읽으며 그 내용을 검토하기 시작했다. 검토해 보니 성경의 내용 속엔 의외로 유럽에서 제일 강한 침략국인 로마를 비난하는 말이 없었다. 아예 언급 자체가 없었다. 다만 성경 속에는 유대왕국의 헤롯왕이나 유대교 제사장들, 그리고 율법 학자들이나 바리세파 장로들을 비판하는 말들뿐이었다. 사실 예수는 엄청난 독설가인대도 설교할 때 로마를 비난하는 말을 삼가해왔다는 것을 말해 주고 있는 것이다. 만일 성경에 로마를 비판하는 내용을 실었다 하면 로마황제 콘스탄티누스는 끝내 로마에서 기독교 포교를 허용하지 않았을지도 모른다. 예수는 제자들에게 자기 사후에는 꼭 로마에 가서 포교할 것을 당부했었다고 한다.

지난 300년 동안 기독교는 로마에서 한 종교로서 뿌리를 내리지 못하고 10여 차례 박해를 받아왔다. 그런데 콘스탄티누스 황제의 도움으로 리카에야 종교회의를 거쳐 합법적인 포교를 펼치게 되었다. 이로써 기독교는 악하고 불의한 이 세상에 신의 심판이 있어야 한다고 주장하며 당당하게 유럽천지를 기독교 세상으로 바꾸어 나갔다. 그 무렵 로마는 북유럽에서 남쪽으로 내려오는 게르만 민족의 대이동을 저지하고 물리치는 것이 가장 큰 문제였다. 그런데 신약성경의 내용은 여호와 하나님을 믿지 않는 민족들을 응징하는 데 오히려 좋은 내용이 될 수 있었다. 왜냐하면 게르만 민족의 부족국가들은 예부터 자기들만의 토속신앙을 가지고 있었기 때문이었다. 유럽의 왕들은 주위의 크고 작은 부족국가들을 무력으로 정복하여 복속시키고 기독교를 믿도록 강요하였다. 그리고 말을 듣지 않는 민족들을 멸족시키는 정책을 써왔다. 이제 기독교는 포교 자체가 전투였다. 프랑크 왕국의 샤를마뉴(카알대제)는 섹슨족 4500명을 아렐 강가에서 죽여 강을 피로 물들게 했다.(① 세계인명대사전, 1599쪽 1열 42줄/ ② 冊末세계사비교년표, 387쪽 2열 9줄)

그러고 나서 로마교황을 방문하고 교황이 주는 황제관을 머리에 얹었다. 이렇게 유럽왕들은 다투어 크고 작은 국가들을 정복하여 영토를 넓히고 복속시켜 기독교를 믿게 하고 나서 로마 교황이 내린 황제관을 머리에 얹었다. 이런 과정을 거친 유럽천지는 죽은 사람들을 다 헤아릴 수도 없는 천문학적 숫자였다. 전쟁은 일종의 신(神)의 재판이므로 승패 역시 신의 심판이라고 생각했다.(브리태니커 19권 125쪽 1열33줄)

패자의 처분은 당연시 되었는데 서기 539년 프랑크의 왕 테오데베르트는 롬바르트 족을 격파한 후 부녀자들까지 포오강에 던져버렸다.(브리태니커 19권 125쪽 1열39줄)

이 시기의 전쟁(772-804)은 포교와 정복전쟁이 일체화한 성전(聖戰)의 관념이었다.(브리태니커 19권 125쪽 1열49줄)

성직자들도 무기를 들고 전쟁에 참가하여 무려 10만 이상의 신부들과 사제들이 전사했다.(브리태니커 19권 125쪽 2열11줄)

그리고 기독교 교리에 위배된다하여 점치고 예언하는 무속인들을 처형하는 마녀재판이란 제도가 있었는데 교황청에서 일체 재산을 몰수하고 화형(火刑)에 처해 형장의 이슬로 사라진 여자들이 무려 17만 명이나 된다 한다. 중세엔 교황의 권위가 높아져 황제 하인리히 4세는 자신이 폐위되는 것을 면하기 위해 교황 그레고리우스 7세 앞에 무릎을 꿇고 3일 동안 속죄하는 카노사 굴욕을 겪기도 하였다. (브리태니커 21권 79쪽 2열19줄)

후세 사람들은 이 시기를 일컬어 중세 암흑시대라 말한다. 마치 기차가 중세 암흑시대의 긴 터널을 지나고 나서야 르네상스시대를 맞이한 것이다. 그러나 중세 암흑시대가 지난 지금에도 천국의 복음을 위해 세계 여기 저기서 일천 명 이상의 신자들이 집단 자살하는 일이 종종 벌어지고 있다. 또 살아있는 그대로 하늘나라로 들려 올라간다는 휴거(携擧)를 주장하는 신자들의 운동이 종종 벌어지고 있는 현실이다.

무엇보다도 종교가 전쟁의 원인이 되고 전쟁의 주범이 되는 일이 없어져야 한다. 종교를 내세워 전쟁을 벌이는 일들이 가장 불의(不義)하고 가장 악(惡)한 것임을 깨달아야 한다.

그러나 한쪽에선 여호와 하나님이 이 세상을 창조하시고 구원하신다며 목청을 높이고 다른 한쪽에선 알라신만이 인간을 구원하시며 심판하신다며 목소리를 높이며 서로 총부리를 들이대고 있다. 그러나 그런 짓들이 결코 진리를 밝히는 것은 되지 못한다. 천당도 지옥도 선(善)도 악(惡)도 인간의 마음 작용을 떠나서 있는 것이 아니기 때문이다.

석가모니 부처님은 말씀하셨다.
마음을 항복받아 마음의 임자가 되라.
종이 되지 말라.
… 흐트러진 마음은 두렵기가 독사나 맹수보다 더하다.
큰 불이 치솟듯 일어남도 그것에 비할 바가 못된다.
(유교경)

총 론

어디서 누가 "우리가 믿는 신(神)만이 유일신(唯一神)이다"라고 외쳐댄다면 반드시 저쪽에서 "아니다. 우리가 믿는 신만이 진짜 유일신이다" 하는 대구가 일어날 것이다. "이것이 있으므로 저것이 있다. 이것이 생겨남으로써 저것이 생겨난 것이다. 이것이 없으면 저것도 없다."(보적경) 이 세상 모든 존재하는 것들의 존재의미란 이런 마음의 상대성에서 파생된 개념들에 불과한 것이다. 그 개념들에 사로잡혀 집착하면 항상 이렇게 말한다. "이것이 진짜이기 때문에 저것은 가짜라고, 또는 저것이 진짜이기 때문에 이것은 가짜라고." 그러나 그런 개념들은 항상 변하고 달라지는 것일 뿐 고정불변한 것이 아니다. 그런데도 이쪽과 저쪽에서 서로 맞서며 우리가 믿는 신만이 진짜 유일신이라고 집착한다면 서로 상대를 가짜라고 하며 대립이 일어나고, 그런 대립이 일어남으로 인하여 시비와 다툼이 일어나고, 시비와 다툼이 일어남으로 인하여 공격적이 되어 전쟁으로 비화된다. 이 세계는 그런 전쟁으로 불 붙은 지 오래 되었다.

어느날 어느 마을에서 장례식이 행해지고 있었다. 마침 그곳을 지나가는 나그네가 있었다. 그 나그네는 물었다. "오늘 장례식을 올리는 망인의 이름은 누구시옵니까?" "예, 이 마을에서 살던 불사인(不死人 = 죽지 않는 사람이란 뜻)이라는 사람입니다." 나그네는 되물었다. "아니 불사인인데 왜 죽습니까?" "예, 불사인도 죽습니다. 사실 이름이란 부호(符號)에 불과한 것입니다. 그 부호에 집착하지 마십시오. 부호에 불과한 이름에 집착하면 마음에 어리석은 미혹이 일어납니다. 사실 인간이란 모두 근본무지(根本無知)라는 병을 앓고 있습니다. 그 병은 마음을 깨달아야만 낫는 병이랍니다. 그렇기 때문에 그 이름에 집착하면 마음은 이성(理性)을 잃게 되고 사려판단에 변괴(變怪)가 일어나는 법입니다."

두 유일신 때문에 이 세계에 변괴가 일어난 지 참 오래 되었습니다. 서로 자기 신만이 유일신이라 주장하기 때문에 세계 역사엔 끝없는 전쟁과 살생이 자행되어 왔는데 두 유일신은 어디서 무엇을 하고 있는지 모르겠습니다. 두 유일신이여! 당신들이 진실로 계신다면 어서 빨리 나와 협상하십시오. 당신들을 신봉하는 두 종교인들 싸움은 그칠 날이 없습니다. 두 유일신이여! 당신들께 자비심이 있다면 지금 빨라 나와 협상하셔야 합니다. 요즈음은 소총과 자살폭탄으로 싸우고 있지만 멀지 않아 핵폭탄으로 싸울 준비를 하고 있습니다. 아니 한쪽은 벌써 핵무장을 마쳤습니다. 다른쪽도 핵무기를 갖추는 것은 시간문제일 뿐입니다. 만일 핵전쟁이 일어나면 어차피 승자가 없는 공멸인데, 두 유일신의 이름으로 인류의 종말을 맞이하겠다는 것입니까? 그래도 정치나 경제적인 문제론 협상을 잘하는데 종교적으론 협상이 안 됩니다. 두 유일신 사이에 생긴 증오심이 워낙 강한 탓입니다. 만일 상대편 유일신을 인정해 주면 바로 자기 유일신을 부정하는 꼴이 됩니다. 유일신이기 때문입니다. 거기엔 한 치의 양보도 있을 수가 없게 되어 있습니다. 십자군전쟁이 일어난 것도 두 유일신 때문이며 로마가 이슬람에게 멸망한 것도 두 유일신 전쟁이었습니다. 서양 역사의 무수한 전쟁들과 무수한 살생들로 강이 온통 피로 빨갛게 물든 것도 한두 번이 아니었습니다. 두 유일신 싸움은 지금도 팔레스타인과 중동에서 현재진행형입니다. 그런데 오늘도 그들은 인간을 향해 말합니다. "서로 사랑하라. 서로 사랑해야 한다." 그러면 또 다른 유일신 측에서는 인간들을 향해 만면의 미소를 띄우고 손을 흔들며 "우리는 평화를 사랑합니다. 우리는 평화를 사랑합니다." 외쳐대고 있습니다. 그러다가 또 싸움이 시작됩니다.

불교에서는 그런 유일신들을 인정하지 않는다. 불교 교리엔 그런 유일신이 있을 수 없기 때문이다. 석가모니 부처님은 보리수 아래서 자신이 진리를 깨달은 바에 의해서 그런 창조신이나 유일신이 없음을 선언하였다. 그래서인지 이 지구상엔 불교로 인한 전쟁은 없었다고 한다. 그렇다면 불교에서는 무엇을 주장하는지 한 번 알아보고 싶지 않은가? 인간이란 기독교인이거나 이슬람교인이거나 불교인이거나 누구나 각자 자기 마음을 지니고 살아간다. 사람의 육체에 마음이 깃들어 있지 않으면 그 육체는 시신과 다를 것이 없다. 그러나 그 마음이란 것의 자체 모양이 어떻게 생겼으며 어디에 있는 것인가를 물으면 대답을 하지 못한다. 그런 마음의 불가사의함과 오묘함과 형이상학적임을 설파한 불경이 있다. 그 한 구절을 여기 옮겨 본다.

　과거심은 이미 사라지고 미래심은 오지 않고 현재심이란 머무는 일 없다. 마음은 안에 있는 것도 아니고 밖에 있는 것도 아니다. 마음은 형체가 없어 볼 수 없고 만질 수도 없고 나타낼 수도 인식할 수도 없다. 마음은 아직 어떤 여래도 본 적이 없고 지금도 볼 수 없고 장차도 보지 못할 것이다.
<u>**그러나 그 마음의 작용은 어떠한가?**</u>
<u>**그 마음이 작용하면 어떻게 되는가?**</u>
　마음은 환상 같아 허망한 분별에 의해 여러 가지로 나타난다. 마음은 바람 같아 멀리 가고 붙잡히지 않으며 모양을 보이지 않는다. 마음은 흐르는 강물 같아 멈추는 일 없이 나타나자마자 사라진다. 마음은 번개와 같아 잠시도 머무르지 않고 순간에 소멸한다. 마음은 허공 같아 순간의 연기로 더렵혀진다. 마음은 원숭이 같아 잠시도 그대로 있지 못하고 여러 가지로 움직인다. 또 마음은 화가와 같아 가지가지 모양을 그려낸다. 마음은 왕과 같이 거만하게 위세를 부리며 모든 것을 다스린다. 마음은 모래로 쌓은 집같이 쉽게 허물어지고, 쉬파리같이 더러운 것을 탐하여 모여들고, 낚시 바늘같이 굽어서 모든 것을 낚으려 하고, 불안하고 아름다운 꿈을 꾸며, 마음은 도적과 같아 남의 것을 보면 훔치고 싶어하고, 마음은 불나비같이 저 죽을 줄 모르고 불 속으로 뛰어들고, 마음은 무수한 무리를 침략하는 적군과 같고, 마음은 싸움터의 북소리같이 우리를 들뜨게 한다. 이런 모든 것에 비유할 수 있는 것이 마음이다. 그러나 마음의 정체는 알 수 없다. 찾을 수 없다(불교성전 (1972년 발행 김성구 편역 / 2000년 개정판 발행) 376쪽 15째줄).

　※이렇게 마음은 형상이 없지만 육체를 빌려 타고 가지가지 망상번뇌를 일으킨다. 그래서 마음이 모든 것을 만들어낸다고 한 것이다.
　달마스님 관심론에 보면 "마음은 모든 성인의 근원이며 또한 일만 가지 악의 주인이다"라는 말이 있다. 사람의 마음이 사물에 물들지 않고 동(動)하지 않고 본래 가진 자기 영광을 지킬 수 있다면, 그 모습을 비유하

건대 본래 법계에 충만한 비로자나불 법신(法身 = 진리의 당체)이라고나 할까. 하지만 사람의 마음이 사물에 물들어 가지가지 감각과 생각에 놀아나면 어느새 일만 가지 악의 주인이 될 수 있다.

　여기서 마음이 사물에 물든다는 것은 곧 번뇌에 물드는 마음이요, 탐진치에 물드는 마음을 말한다. 우리의 본래의 마음의 바탕은 번뇌에 물드는 마음이 아니었지만 살아가면서 마음의 욕구인 탐진치에 사로잡히면 번뇌에 물드는 마음이 된다. 그래서 보조스님은 말씀하시기를 "한 마음이 미혹하여 끝없는 번뇌를 일으키는 자는 중생이요, 한 마음을 깨달아 끝없는 묘용(妙用)을 일으키는 자는 부처님이다 하셨다." 그러니까 우리가 본래 가진 마음은 부처님 마음(佛性)의 경지였지만 마음이 사물에 물드는 작용을 일으킨 이후부터 미혹한 마음을 쓰면서 살아간다. 이렇게 마음은 어느새 전도몽상(顚倒夢想 = 뒤바뀐 꿈 생각)이 되어버렸으니 마치 주인 아닌 손님이(五蘊心) 들어와 주인 노릇하고 있는 것이다. 이것이 중생의 마음이다.

마음 { 자성(自性) · 불성(佛性) …부처님이 쓰는 마음… 번뇌에 물들지 않는 마음
　　　　오온심(五蘊心) · 중생이 쓰는 마음… 번뇌삼독에 물든 마음

※오온심(五蘊心)이란? 육체 · 감각 · 생각 · 분별 · 의식 등 → 다섯 가지 쌓인 무더기에서 나온 마음

　그래서 불교에는 신(神)이 없고 다만 수행을 통해 마음의 본질을 깨달아 마음의 미혹을 없애야만 올바른 삶을 살아갈 수 있다고 주장한다. 이런 것으로 보아 모든 종교, 모든 도덕, 모든 철학과 예술이 모두 다 마음이라는 근본 위에 세워진 것임을 알아야 한다. 이런 마음의 원리를 모른다면 인간으로서 만물의 영장이라고 할 수 없다. 종교인들이여 총을 내려 놓아라.

　기독교와 이슬람교는 침략과 투쟁의 기수가 되어 인류 역사 앞에 부끄러운 흉터들을 남기게 하였으니 자신들을 냉정히 뒤돌아 보아야 할 때이다.

　그러니까 동양에서 발생한 종교들처럼 자신들의 이익을 위해 서로 살육의 칼을 휘두르는 분노의 노예가 되지 않아야 한다는 말이다. 그들의 친절한 대화 속엔 벌써 상대를 비하하고 공격하는 마음 자세가 되어 있다. 왜냐하면 그들의 마음 속엔 언제나 거룩한 우상신(偶像神)이 하나 자리잡고 있기 때문이다.

후기(後記)

　나는 그동안 성경과 불경, 중국 유교의 사서삼경과 노자·장자 도덕경과 장자편, 그리고 인도의 힌두교 경전 우파니샤드와 마지막 이슬람의 코란까지 다 읽어보았지만 두 종교(불교와 기독교) 사이에 이렇게 일치점과 유사점이 많은 경우는 보지 못했다.
　그래도 나는 불경을 5만 페이지 정도 밖에 읽지 못했다. 만일 17만 페이지에 달하는 한글팔만대장경을 다 읽는다면 얼마나 많은 것들이 더 있을지 모르겠다. 여기 인용한 불경 구절들은 거의 다 초기 경전에서 찾아낸 것들이다.

　그리고 성경이라 하면 구약과 신약을 한 데 묶은 것인데 구약은 벌써 3천 년 전에 모세가 집대성한 부분을 말한다.
　예수가 태어나기 천 년 전 일이다. 그래서 구약엔 불경과 같은 구절들이 없다. 오직 2천년 전 예수가 설교한 신약성경에만 불경구절과 같은 것들이 많이 들어있다. 이것은 예수가 16년간 인도에서 불교 승려 생활을 했다는 것을 말해 준다.
　결국 2500년 전에 석가모니 부처님이 설하신 불교 교리들이 그 후 500년이 지난 다음 예수가 기독교 설교에 이용했다는 것은 얼마나 놀라운 사실인가. 인류 역사상 가장 큰 표절사건이 일어난 것이다.

2018년 9월 20일

태백산 토굴에서 **백운 소림** 합장

오호라(증보판)

지은이 / 백운 소림
발행인 / 김영란
발행처 / **한누리미디어**
디자인 / 지선숙

08303, 서울시 구로구 구로중앙로18길 40, 2층(구로동)
전화 / (02)379-4514
Fax / (02)379-4516
E-mail/hannury2003@hanmail.net

신고번호 / 제 25100-2016-000025호
신고연월일 / 2016. 4. 11
등록일 / 1993. 11. 4

초판발행일 / 2018년 6월 15일
재판발행일 / 2018년 11월 10일
3판발행일 / 2021년 1월 30일

ⓒ 2021 백운 소림 Printed in KOREA

값 10,000원

※잘못된 책은 바꿔드립니다.
※저자와의 협약으로 인지는 생략합니다.

ISBN 978-89-7969-831-2 03210